KB200920

기쁨의 편지

기쁨의 편지

오늘, 기쁨의 날禧年을 살아가는 당신에게

로슈 이신근

바람이불어오는곳

*『기쁨의 편지』는 45세에 타계한 이신근 형제의 유고에서 발췌 정리한 글을 엮은 책입니다. 비운동성 섬모 증후군이란 희귀병을 안고 "한 치 앞을 바라볼 수 없는" 삶을 살면서 겪어야 했던 인생의 아픔과 절망이, 아무 희망 없는 가장 낮은 곳에서 경험한 신앙의 체험과 깨달음이, 이후 절망의 삶을 희망으로 바꾸며 기쁨의 삶(禧年)을 살았던 신근 형제의 삶의 비밀이 내밀하고 담백한 글 속에 담겨 있습니다. 여기 실린 글은 희년함께 간사로 섬기면서 썼던 칼럼과 블로그에 나눴던 에세이, 예수원 수련생활을 하며 썼던 일기와 시 등에서 가져왔습니다. 각 장의 도입부에 들어간 발문은 병원에 입원해 있는 동안 올린 글에서 뽑은 것입니다.

삶의 이유를
보여 준
사람

"모든 잎사귀마다 사랑이 있다."

_로슈(뿌리)

로슈 이신근 형제는 우리 곁을 스쳐 지나간 사람입니다. 평범하지 않았지만 눈에 띄지도 않았습니다. 숨 쉬기 힘든 약한 몸을 제외하면 특별하지 않았습니다. 어쩌다 그로부터 '비운동성 섬모 증후군'이라는 병명을 들었을 때나 그가 폐에서부터 차오르는 가래를 뱉느라 자리를 비울 때 잠시 그의 장애를 인식했을 뿐, 그가 어떤 길을 걸어왔는지 몰랐습니다.

'1초마다 70개의 별이 타올랐다 사라진다'고 하는데, 로슈 형제의 별도 마지막 순간에야 하얗게 빛나면서 그의 항적을 비추었던 것일까요. 그는 죽음을 통해서 자신의 이야기를 들려주었습니다. 2022년 2월 3일, 45세로 우리 곁을 떠나고 나서야 비로소 우리는 그가 우리 곁을 스쳐 지나간 사실을 알게 되었는지도 모르겠습니다. 분명한 것은 그제야 우리는 그의 이야기에 귀를 기울이면서, 이신근이라는 한 사람에 대해서 또 생명의 신비에 대해서 거의 아는 것이 없다는 사실을 깨닫게 된 것입니다.

이신근 형제는 로슈라는 이름을 사랑했습니다. 예수원에서 받은 신명(神名, 성경에서 찾은 이름)인데, 신근(信根)이라는 이름과 같이 '뿌리'(이사야 11:10)라는 뜻입니다. 로슈 형제는 뿌리에서 돋아난 순처럼 여리고 약해 보였지만, 뿌리가 깊고 굳센 생명의 신비를 살았던 사람입니다. 무엇보다 왜 살아야 하는지 날마다 살아야 할 이유를 찾으면서 우리에게 살아가야 할 이유를 알려 주었습니다.

"너는 피투성이라도 살아 있으라. 다시 이르기를 너는 피투성이라도 살아 있으라"(에스겔 16:6).

그를 생각할 때 들리는 성경 구절입니다. 로슈 형제는 편한 숨을 쉬지 못하고 살았습니다. 살아가는 하루하루가 힘겨웠기에 오래 살 수 없을 것이라고 생각했습니다. 살아갈 힘도 의미도 없는 몸이었기 때문입니다. 무의미와 싸운 인생이었습니다. 그래서 삶의 의미를 발견하지 않으면 살아가기 어렵다는 어떤 정신과 의사의 말도 그에겐 위로가 되지 못했을 것이고, 삶의 무의미성을 긍정하라는 무신론 사상가의 말도 그에겐 힘이 되지 못했을 것입니다. 그에게 유일한 위로는, '생명'은 곧 '살라는 명령'이라는 하나님의 말씀뿐이었습니다.

로슈 형제는 생명이 신비이기에 살아야 한다고 말합니다. 살아 있으니 살아야 한다고요. 어떤 상황이든지, 어떤 약함이 있든지 코로 숨 쉴 수만 있다면 '살아라'는 명령을 따라야 한다고 고백합니다. 그러나 코로 숨 쉬는 것을 당연하게 여기는 우리는 그의 간증을 들으면서도 생명이 신비라는 비밀스런 뜻을 귓등으로 들었을 것입니다. 그의 장례식을 치르면서 다시 그의 간증을 읽다가 뒤늦게 생명에 대한 그의 깊은 깨달음에 접했으니까요.

로슈 형제는 여러 번 죽음의 고비를 넘겼습니다. 서른 살 때 그는 하나님께 이렇게 물었다고 했습니다. "하나님! 내가 계속 살아야 하는 이유가 뭡니까?" 하나님은 "신근아, 네가 사랑받고 있기 때문이야"라고 말씀해 주셨습니다. 30년 신앙생활을 했지만, 그때까지 몰랐던 구원의 의미를 깨닫는 순간이었다고 고백합니다. "내가 구원을 받는 이유는 내가 공부를 잘하고, 주변 사람들에게 모범이 되고, 가치 있는 일을 해서가 아니라, 그냥 하나님의 사랑을 받고 있어서구나." 어떤 처지나 환경이라도 생명은 그 자체로 귀하고 사랑받는 존재이기에, 살아 있다는 것이 기적이라는 깨달음입니다.

그 후로 로슈 형제는 단순한 믿음으로 생명의 신비를 살았습니다. 그에게 생명의 신비는 나날의 기적으로 이어졌습니다. 사랑하는 아내를 만났고, 희서와 예서라는 두 딸을 얻었습니다. 그는 글을 쓰는 사람이 되었고, '희년함께'에서 하나님 나라를 살아가는 희년 활동가가 되었습니다. 보통 사람들에겐 평범한 일상이겠지만, 그에겐 나날의 신비를 하루하루 살아서 일어난 기적이었습니다.

"사랑이 구원이고, 생명은 신비입니다." 로슈 형제의 이 고백은 지붕 위에 올라가서 외치고 싶은 복음입니다. 저는 교회에서 죽음을 직면한 분들에게 기회가 있을 때마다 그의 복음을 전했습니다. 더 이상 살 소망을 버리신 어르신이나 연명 치료를 앞둔 환자에게, 삶의 의미를 묻는 청년에게 로슈 형제의 이야기를 전했습니다.

"살아 있다는 것은 기적입니다. 그러니 살아가십시오."

죽음에 직면하신 분들은 그의 고백을 듣고 생명의 신비를 깨달았던 것일까요. 다른 방식으로 숨 쉬기를 터득한 사람처럼 새로운 태도를 보여 주는 분들이 계셨습니다. 더 이상 자신의 삶을 스스로 통제하려는 마음을 내려놓고 하루하루를 신비로 맞이하였고, 이전에 생각하지 못했던 나날의 기적을 만나곤 했습니다.

로슈 이신근 형제는 우리 곁을 스쳐 지나갔지만, 우리는 그를 잊을 수 없을 것입니다. 우리를 스쳐 가는 시간이 사랑과 신비로 가득 차 있는 것을 전해 주었기 때문입니다. 그는 딸의 이름을 희서(禧書) 곧 희년의 편지, 기쁨의 편지라고 지었는데, 돌이켜 보면 그는 우리에게 기쁨의 편지였습니다. 사순절을 지나고 부활의 봄을 맞이하는 계절에 그의 이야기가 기쁨의 편지로 전해지기를 소망합니다.

"내가 확신하노니 사망이나 생명이나 천사들이나 권세자들이나 현재 일이나 장래 일이나 능력이나 높음이나 깊음이나 다른 어떤 피조물이라도 우리를 우리 주 그리스도 예수 안에 있는 하나님의 사랑에서 끊을 수 없으리라"(로마서 8:38-39).

이광하
일산은혜교회 담임목사

희년의 노래

기쁜 소식을 알리자.
가난한 자들에게 기쁜 소식을 알리자.
이 땅에 태어난 게 축복인 줄 모르는 자들에게
당신도 하나님이 기뻐하는 자녀라는
기쁜 소식을 전하자.

기쁜 소식을 알리자.
억압받는 자들에게 기쁜 소식을 전하자.
억울한 일을 당해도 하소연할 곳 없는 그들에게
하나님이 결코 당신을 잊지 않는다는
기쁜 소식을 전하자.

기쁜 소식을 알리자.
정의에 목마른 자들에게 기쁜 소식을 전하자.
온갖 불의와 거짓이 가득한 세상에서 지친 그들
에게
공의의 하나님이 이 땅에 왕으로 다시 오실
기쁜 소식을 전하자.

하나님 나라가 오고 있다.
정직과 진실, 사랑과 평화의 발걸음이
우릴 향해 오고 있다.
거짓과 기만, 위선과 불의에 기댄 사람들이
두려움에 떨고 있다.

우리가 기쁜 소식을 전하는 자가 되자.
재물과 탐욕이 지배하는 세상을 거두고
사랑과 배려가 가득한
하나님 나라를 노래하자.

복음을 잃어버린 교회에서
복음을 잃어버린 세상에서
다시금 우리의 삶이
하나님 나라의 복음이 되자.

1부

오늘,
영원

"아빠, 보고 싶어요!"
사랑을 표현하는 참 많은 방법이 있지만,

"아빠, 보고 싶어요!"

'보고 싶다'는 말보다 확실한 건 없습니다.

생명의 가치

대학생 시절 한 후배가 오만 원을 주고 강아지를 샀는데 사자마자 병이 들어 치료비로 팔십만 원을 썼다는 이야기를 들었습니다. 정성껏 돌봤음에도 얼마 안 있어 강아지는 죽고 말았습니다. 그 얘기를 전해 듣고 저는 후배가 들인 돈이 아깝다는 생각을 했습니다. 그리고 그 후배가 매우 사치스러워 보이기까지 했습니다. 당시 제게 생명의 가치는 경제적 가치이자 가능성의 가치였지, 살아 있다는 것 자체는 큰 의미가 없었습니다. 아무런 이익을 낼 수 없고 오히려 손해만 보게 하는 것이라면 하루빨리 버리는 편이 낫다고 생각했습니다.

사람에 대해서도 마찬가지라고 생각했습니다. 다른 사람

에게 이익이 되고 도움이 되는 존재는 생명이고 타인에게 손해만 주는 존재는 죽음이라고 말이죠. 저는 예수님의 빛과 소금의 비유를 그렇게 이해하고 있었습니다.

그러던 어느 날, 스물아홉 살의 제게 오만 원짜리 강아지 같은 인생이 시작되었습니다. 가뜩이나 좋지 않던 폐가 계속 나빠지더니, 더 이상 항생제가 듣지 않아 약물 치료가 불가능하다는 진단을 받았습니다. 의사에게서 그 말을 듣는 순간, 아무 죄 없이 법정에서 사형 선고를 받은 것 같았습니다. 억울했습니다. 선천성 희귀병을 타고났을 뿐, 저는 제 인생에 벌어진 일에 아무런 원인 제공을 하지 않았습니다.

태어나면서부터 수년간 병원 신세를 졌습니다. 가족은 저로 인해 끔찍한 가난을 겪어야 했고, 형제들은 엄마의 사랑을 받아야 할 시기에 저 때문에 충분히 사랑받지 못했습니다. 평생 공사 현장에서 일하며 살아오신 아버지는 제가 대학을 졸업할 때까지 학비를 감당하셨습니다. 저는 나중에 그 빚을 갚고 싶었습니다. 그리고 마침내 기다리던 때가 되었는데 제가 받은 사랑을 돌려줘야 할 때에 빚을 갚을 수 있는 능력이 갑자기 제게서 사라져 버린 것입니다. 가뜩이나 깨어지고 무너진 삶을 실낱같은 희망 하나 품고 살아왔는데 그마저 박살이 나고 만 것입니다.

그해 네 번을 입원했습니다. 일반 병원에서는 제 특수한 병을 감당할 수 없어 대형 병원에 가야 했고, 한 번 입원할 때마다 대학 등록금만큼 병원비가 나왔습니다. 이미 은퇴할 나이를 넘긴 아버지에게 더 이상 큰 짐을 지우고 싶지 않았습니다. 저는 당시 제가 살아 있는 건 가족과 주변 사람들에게 손해만 될 뿐이라고 생각했습니다. 그렇게 저는 저 자신에게 먼저 버림받았습니다.

그해 겨울 화장실에서 많은 피를 쏟아 내고 응급실로 실려 갔습니다. 거동도 못하고 눕지도 못하는 최악의 상태가 되었습니다. 희미한 의식 중에 이제 그만 끝내고 싶다는 생각을 되풀이했습니다. 삶과 죽음의 때를 내가 선택할 수 있다면 좋겠다고 생각했습니다. '이렇게 남에게 손해만 주는 인생이 도대체 얼마나 남은 걸까. 몸도 영혼도 너무나 지쳤다.' 아무런 소망이 보이지 않았고 모든 것이 끝이라고 생각했습니다. 그리고 결심했습니다. 더 이상의 치료는 받지 않겠다고 말이죠. 제게 삶의 미련은 조금도 남아 있지 않았습니다.

"하나님! 제 삶뿐만 아니라 죽음도 주님의 것입니다. 주님 뜻에 따르겠습니다."

그때였습니다. 그렇게 기도하고 결심했더니 기적이 시작되었습니다. 여기저기서 수많은 사람들이 기도하고 있다는 소식이 들려오기 시작하더군요. 저도 모르는 사이에

모금이 시작되었고, 입원비를 감당할 만큼 후원금이 충분히 모였습니다. 무엇보다도, 아무 일도 하지 않아도 좋으니 계속 곁에 있어 주면 좋겠다며 살아만 있어 달라는 가족들의 간절한 부탁과 끊임없는 격려가 있었습니다. 제게는 아무런 실질적 가치가 없는데, 그런 저와 함께하고 싶다는 사람이 너무도 많았습니다. 저는 아무것도 준 것이 없는데, 감당하기 어려울 만큼 너무도 많은 사랑을 받았습니다.

그런 일이 있은 후에 하나님께 다시 물었습니다.

"하나님! 내가 계속 살아야 하는 이유가 뭡니까?"
"신근아, 네가 사랑받고 있기 때문이야."

삼십 년 신앙생활을 했지만 그때까지 몰랐던 구원의 의미를 비로소 깨달았습니다. '내가 구원을 받는 이유는 내가 공부를 잘하고, 사람들의 인정을 받고, 일을 잘하고, 주변 사람들에게 모범이 되고, 가치 있는 일을 해서가 아니라, 그냥 사랑을 받고 있어서구나.'

그 후로 기적처럼 건강이 조금씩 회복되었습니다. 외출할 수 있게 되었고, 제 처지를 온전히 이해하고 제 건강 상태에 맞춰 일할 수 있도록 배려해 주는 직장을 만났습니다. '희년함께'에서 지금까지 십일 년째 간사로 일하고 있습니다.

제가 앞뒤 분간도 못하고 희년함께 회원이던 자매와 결

혼을 했습니다. 제 건강이 완전히 회복된 건 아닙니다. 몸이 좋지 않을 때는 한두 해에 한 차례 정도 입원을 합니다. 최근에도 몸 상태가 좋지 않아 출근을 못하고 재택근무를 하고 있습니다. 그러기에 '아이를 낳으면 책임질 수 있을까? 잘 키울 수 있을까? 내 유전적 질병을 안고 태어나진 않을까?' 하는 고민이 참 많았습니다. 그런데 아이는 내가 키우는 게 아니라 하나님이 키우시는 거라는 조언을 듣고 아이를 갖기로 결심하게 되었습니다.

그리고 제 유전자를 받은 딸이라고는 도저히 믿기지 않는 예쁜 두 딸을 낳았습니다. 한 달 전에 둘째가 태어났습니다. 첫째 딸의 이름은 희년의 소식이라는 의미를 담아 '희서'라 지었고, 둘째는 예수님의 소식이라는 뜻을 담아 '예서'로 지었습니다.

지금 희서와 예서를 보면, 이 아이들이 없었으면 어쩔 뻔했나 하는 생각이 들 정도로 아주 건강하고 예쁘게 잘 자라고 있습니다. 십 년 전에는 상상도 못했던 일들이 제 삶에 펼쳐지고 있습니다. 하나님이 앞으로 제 삶을 어떻게 인도하실지 예측하지 못하겠습니다. 온전히 믿고 맡길 뿐입니다.

어떤 처지나 환경에서도 생명은 그 자체로 귀하고 사랑받을 가치가 있다는 사실을 딸을 통해 다시 배우고 있습니다. 앞으로도 제 삶을 통해 계속 증명해 갈 생각입니다.

"사랑이 구원이고, 생명은 신비입니다."

제 삶의 모토를 아이들에게 유산으로 물려줄 생각입니다.

인생의 가장 큰 기적

제가 건강을 위해 기도 요청을 할 때는 치료만을 바라는 것
은 아닙니다. 치료가 안 되었다고 해서 하나님이 기도를 들
어주지 않는다고 생각하지도 않습니다. 제게 기도는 내가
원하는 것을 하나님께 요구하는 행위가 아니라 하나님의
마음을 알게 해 달라는 요청입니다. 내가 원하는 것은 이것
인데 하나님의 뜻은 무엇인지 묻는 기도가 많습니다.

예전에 희년함께 사무실에서 계속 기침을 하다가 쓰러
진 적이 있습니다. 소리는 들리지만 몸이 움직이지 않았고
앞도 보이지 않았습니다. 저산소증으로 쓰러지면 평생 반
신불수로 살 수도 있다는 생각에 공포가 밀려왔습니다. 사
람의 인생이 이토록 허무하게 무너질 수 있다는 두려움이

저를 사로잡았습니다. 그런데 실려 가는 구급차 안에서 문득 이런 생각이 들었습니다. '지금 이 순간에도 하나님은 살아 계시고 나를 사랑하신다!'

"주님! 당신의 결정에 따르겠습니다."

어쩌다가 그런 기도가 터졌는지 모르겠습니다. 어디에서 그런 용기가 나왔는지 모르겠습니다. 나에게 안 좋은 상황이 오더라도 하나님의 뜻으로 받아들이겠다는 기도였습니다. 평소에 하던 기도가 그때 나온 것입니다. 그러자 마비가 풀리고 손발에 감각이 돌아오기 시작했습니다. 저로서는 참으로 특별한 경험이었습니다. 그때 알았습니다. 기적의 본질은 내가 원하는 것을 하나님이 들어주시는 게 아니라 어떤 상황에서도 하나님이 나를 사랑하심을 아는 것이었습니다.

많은 분들이 저를 위해 기도해 주신다는 말을 들으면 저를 향한 하나님의 간접적인 사랑 표현처럼 다가옵니다. 그 기도는 제 안에서 앞으로 더욱 하나님의 뜻에 맞게 살고자 하는 의지를 불러일으키고 절망에 빠지지 않도록 붙들어 주는 큰 힘이 됩니다. 나아가 저 또한 누군가를 위해 기도하는 삶을 살아야겠다는 공동체적 마음으로 확장됩니다.

참으로 보잘것없는 삶이지만, 인생의 어려운 때마다 하

나님은 좋은 분들을 만나게 해 주셨습니다. 제 인생의 가장
큰 기적은 그 만남이었습니다. 감사하고 또 감사한 마음뿐
입니다.

기도와 나의 책임

'비운동성 섬모 증후군.'

우리말로 정확한 학명조차 없을 정도로 국내에는 사례가 드문 선천성 희귀 질환입니다. 제가 평생 짊어지고 가야 할 짐이기도 하지요. 태어날 때부터 없었던 섬모 운동이 갑자기 생겨날 리는 없습니다. 그래서 이제껏 건강을 달라는 기도를 하기보다는, 내게 주어진 환경이 고통받는 자들과 소통하는 도구로 사용되게 해 달라고 기도했습니다. 그런 기도를 드리면서, 자신의 의지와 무관하게 고통받는 이들이 많이 있음을 알게 되었고, 신앙과 겸손과 사랑에 대해 묵상하는 데 큰 도움이 되었습니다.

그런데 제가 건강을 구하지 않았던 또 다른 이유가 애초에 불가능하다는 마음을 갖고 있었기 때문은 아닐까 하는 생각이 최근 들었습니다. 하나님의 한계와 저의 한계를 미리 예단하고 그 한도 안에서 가질 수 있는 최선의 마음을 바랐던 건 아닌가 싶었습니다.

위기 때마다 저를 위해 정말 많은 분들이 기도해 주셨습니다. 그러한 기도의 지원에 힘입어 위험한 고비를 여러 차례 넘기기도 했습니다. 이제 위기를 벗어난 상태에서 또 다른 기도 부탁을 드리려 합니다. 제가 더 건강해지도록 기도해 주십시오. 건강해지고 싶은 마음이 생겼습니다.

얼마 전부터 운동을 시작했습니다. 더 이상 못할 것 같은 한계 상황이 올 때까지 러닝머신 위에서 걷고 또 걷습니다. 그러면서 제 한계를 계속 경신하고 있습니다. 팔굽혀펴기, 윗몸일으키기, 아령 들기 등 제 방에서 할 수 있는 운동은 다 해 보고 있습니다. 야근이 있는 날은 빼고 하루 한 시간 반에서 두 시간가량 투자해 열심히(나름 죽을힘을 다해!) 하고 있습니다. 몸은 힘들지만 하고 나면 기분이 무척 좋아집니다. 왜 운동에 중독이 되는지 그 마음을 아주 조금은 알 것 같습니다.

어제는 정기 진료를 받으러 삼 개월 만에 병원에 갔는데 의사 선생님이 엑스레이 필름을 보더니 좋아졌다고 했습니다. 삼 개월 전에 만났을 때도 좋아졌다고 했으니, 계속해서 좋아지고 있는가 봅니다. 정기 진료를 받으러 병원에 가는 날은 늘 마음이 무거웠는데 이제 병원 가는 발걸음이 가벼워졌습니다.

이미 오래전부터 하나님은 건강을 구하는 기도를 들어주기로 하셨는지도 모릅니다. 하나님은 건강을 달라는 기도에 그리 인색하신 분이 아니실 겁니다. 그런데 저는 마법사의 뿅망치처럼 순식간에 이뤄지는 응답만을 생각했었나 봅니다. 많은 분들이 저를 위해 기도해 주셨으니, 이제 저자신의 책임이 제 몫으로 남은 것 같습니다. 그 책임을 성실하고 꾸준하게 다해 보려고 합니다.

조금씩 건강해지고 있다 해서 과신하다가는 다시 언젠가 순식간에 무너질 수 있습니다. 감기 바이러스라도 옮으면 무척 위험해질 수 있습니다. 여전히 하나님의 보호가 절대적으로 필요합니다. 많은 분들의 기도가 필요합니다.

천천히 걷는 연습

예전에는 걸음이 빨랐습니다. 아무 의미 없이 걷는 시간이 아까웠습니다. 신호등이 멀리 있어도 파란불이 들어오면 온 힘을 다해 뛰어서 길을 건너고야 말았습니다. 걸을 때는 항상 귀에 이어폰을 끼고 음악을 들었고, 전철을 탈 때는 늘 책을 보았습니다. 걷는 시간이 제겐 낭비 같았고, 낭비는 제게 불안감을 안겨 주었습니다. 행동이 느리거나 천천히 걷는 사람이 저는 너무 한심해 보였습니다.

그런데 전부터 상태가 좋지 않던 폐가 심하게 악화되더니 얼마 전 기관지 확장증으로 인한 호흡기 3급 장애 판정을 받았습니다. 저는 이제 전혀 뛰지 못하고 빨리 걷지도 못합니다. 어느새 내 의도와는 달리 저는 세상에서 가장 한심한 사람이 되었습니다.

한동안 천천히 걷는 나 자신이 괴롭고 견디기 힘들었습니다. 시간이 지나면 다시 예전 모습으로 돌아갈 거라 믿으며 지금의 내 모습을 인정하지 않으려 하던 때도 있었습니다. 하지만 시간이 지나도 몸은 나아지지 않았습니다. 이제는 제가 다른 사람만큼 오래 살 가능성이 아주 희박합니다. 어떻게 하면 시간을 낭비하지 않고 잘 쓸 수 있을지 고민했습니다.

아이러니하게도 이제부터 저는 천천히 걷는 연습을 하려고 합니다. 전에 걸음이 빠를 때와 지금은 한 가지 큰 차이점이 있습니다. 전에는 내 삶의 목표에 나 혼자만 있었지만, 지금 내 삶의 목표에는 수많은 사람이 같이 있습니다. 천천히 걷기 시작하면서 비로소 주위를 둘러볼 수 있는 여유가 생겼습니다.

천천히 걷는 사람이 게으르기 때문이 아니라는 걸 알았습니다. 가난해서 삶이 감옥같이 느껴지는 사람도, 질병이라는 큰 짐을 지고 괴로워하는 사람도, 자기 삶의 의미를 몰라 제자리에서 방황하는 사람도, 그게 그 사람 탓이 아니라는 것을 알았습니다. 그저 사랑이 조금 더 필요한 사람이란 것을 말이죠. 빨리 걷는 사람이 조금만 속도를 늦추고 주위를 둘러본다면 천천히 걷는 사람에게 큰 위로가 될 것입니다.

저도 이젠 천천히 걷는 연습을 하려고 합니다. 빨리 걷기보단 정확히 걸으려고 합니다. 이제 내 삶의 중심에 내가 없습니다. 그래서 나는 행복한 사람입니다.

감정과 사랑

감정은 사랑을 확인할 수 있는 좋은 수단입니다. 또한 감정은 사랑을 오해하게 만드는 위험한 도구이기도 합니다. 나와 타인과의 관계에서, 더 나아가 나와 하나님과의 관계에서도 감정과 사랑의 본질적인 차이를 이해하지 않으면 또다시 실수하고 실패할 가능성이 큽니다.

받아들임, 기쁨, 두근거림, 설렘, 그리움 등의 감성 영역에서부터 오래 참음, 진실, 분별, 양보, 용서 같은 의지 영역에 이르기까지 사랑이라는 단어는 폭넓게 쓰입니다. 심지어 중국집 전화번호가 필요해서 114 안내 서비스에 전화를 해도 사랑 고백을 들을 수 있습니다("사랑합니다, 고객님~"). 하지만 사랑하는 마음으로 번호 안내를 할 거라고 생각하는 사람은 아무도 없습니다. 다만 '사랑합니다'라는 말은 듣는 것만으로도 사람을 기분 좋게 하기에 서비스 영역에서 폭넓게 쓰이는 것 같습니다.

사랑의 종류에는 에로스, 필레오, 스트로게, 아가페가 있다고 합니다. 저는 그와 같은 일반적인 구분은 배제하고 감정과 사랑의 관계에 대해서만 생각해 보았습니다. 그 대상이 이성이든, 친구이든, 부모이든, 심지어 하나님이든 그 관계에서 감정과 사랑의 차이를 고민해 보지 않으면 오해와 자기연민, 집착과 광신이 사랑이란 이름으로 감정의 낭비를 부추길 수 있기 때문입니다.

결별을 통보받은 어느 연인이 상대방을 살해했다는 뉴스를 접하곤 합니다. 심지어 그 관계를 인정하지 않는 상대방의 부모를 살해한 경우도 있습니다. 얼마 전에는 폭력을 동원해 억압적으로 공부시킨 어머니를 아들이 살해하고 수개월간 사체를 유기해 충격을 준 사건도 있었습니다. 또 어떤 목사가 독감에 걸린 세 자녀를 기도로 낫게 하겠다며 치료를 거부하고 방치하다가 자녀들을 죽음으로 내몬 끔찍한 사건도 있었습니다. 발견 당시 목사는 아이들이 다시 살아날 거라며 열흘 넘게 기도하고 있었다고 합니다. 끔찍한 사건의 가해자들은 자신이 애인을 사랑하고, 자녀를 사랑하고, 하나님을 사랑해서 벌인 일이라고 생각할지 모릅니다.

사랑이 나쁜 것이라고 할 사람은 아무도 없습니다. 사랑은 누구에게나 필요하고, 사람을 사람답게 살게 하고, 숭고한 이상을 품게 합니다. 하지만 이 좋은 사랑이 감정과 뒤엉켜 옳고 그름을 분별할 수 없게 되면 문제가 생깁니다. 단순한 두근거림을 숭고한 사랑이라 상상하게 되고, 상대방의 감정을 무시한 집착이 신실한 사랑으로 둔갑하기도 합니다. 자녀의 마음과 상관없이 자기 생각만을 강요하는 부모는 끊임없이 자신을 희생한다고 스스로 위로합니다. 성경의 정신에서 벗어난 자기 의와 감정적 열심이 '온전한 내어 드림'의 신앙으로 포장됩니다. 단순히 자신의 이해관계가 걸려 있어서 정부 정책에 반대하는 것이면서도 거룩한 분노로 가장하기도 합니다.

어떤 이성에게 감정의 동요가 일어난다고 해서 그것을 사랑이라고 부를 수 있는지 모르겠습니다. 어쩌면 그때부터 본격적인 사랑의 분별 작업을 시작해야 하는 것인지도 모릅니다. 감정의 원인이 무엇인지, 충동적인 감정인지 지속적인 마음인지, 혹시 미처 회복되지 못한 과거의 상처와 현재 처한 어려움이 상대방의 어떤 부분에 투사되어 그런 감정으로 나타난 건 아닌지, 나와 상대방이 받아들일 수 있는 범위와 한계는 어디까지인지……. 마음이 조급해도 조금 시간을 갖고 분별할 필요가 있습니다. 그런데 여기까지는 우리가 이성으로 분별할 수 있는 범위이고, 정말 중요한 것은 그 너머의 분별 작업입니다.

단순히 말하면, '내가 진짜 사랑할 수 있는가'를 분별하는 것입니다. 저는 최근에 제가 가진 이성의 힘으로 사랑을 분별할 수 없다고 결론 내렸습니다. 과거에는 이성 간 사랑의 감정은 개인이 선택하는 영역이지 하나님이 정해 주는게 아니라고 생각했습니다. 개인적인 감정을 신앙의 이름으로 합리화하면 더 무서운 집착이 될 거라고 보았습니다. 하지만 결국 사랑의 감정을 내 이성으로 분별할 수가 없었습니다. 기도가 필요합니다.

사랑에서 감정을 잠시 동안이라도 분리해서 살펴보는 연습을 해 보면 좋겠습니다. 그처럼 감정을 떼어 냈을 때 전에는 알지 못했던 하나님이 주시는 전혀 다른 감정이 빈 마음을 채우기 시작합니다. 감정을 비워 낸 상태는 공허하고 불안하며 지독한 고독을 맛보게 됩니다. 그런데 바로 그때 하나님의 공간이 생기기 시작합니다. 어느 누구도 채울수 없던 마음의 빈 공간이 차곡차곡 채워지기 시작합니다. 마음의 공간을 사람에게서 채우고자 하는 욕망이 점점 사라집니다. 그제야 비로소 사랑에 대한 이해가 새로워지기 시작합니다.

감정은 때로 올바른 분별을 하지 못하게 영향을 끼치지만, 사랑은 올바른 분별력뿐 아니라 옳은 일을 행할 힘까지 생겨나게 합니다. 감정은 내 안에 있는 관계의 욕심을 채우게 하지만, 사랑은 내 안에 있는 관계의 욕심을 내려놓게 합니다. 감정은 나를 주목하게 만들지만, 사랑은 남을 주목하게 만듭니다. 감정은 실패 뒤에 상처가 따르지만, 사랑은 실패 뒤에 반성과 성장이 따릅니다. 감정은 자신을 제일 중요하게 여기지만, 사랑은 자신이 중요하지 않아도 됩니다. 감정은 나를 과장해서 말하게 하고 나를 볼품없이 여기게도 하지만, 사랑은 언제나 내 모습 그대로 인정하게 합니다. 감정은 세상을 분노와 보복으로 바꾸고 싶어 하지만, 사랑은 세상을 용서와 공감으로 바꾸고 싶어 합니다. 감정은 언제든 변할 수 있고 마음의 상태에 따라 요동하지만, 사랑은 영원히 변하지 않습니다. 남보다 뛰어나지 않아도 사랑에는 부족함이 없습니다. 사랑은 그 어떤 삶도 기대하게 합니다.

희년을 꿈꾸는 우리에게 하나님은 많은 은사를 기꺼이 부어 주실 것입니다. 지식, 지혜, 분별, 믿음, 인내, 소망, 용기, 사랑의 선물을 풍성히 나누어 주실 것입니다. 그중에 '짱'은 역시 사랑입니다.

상처와 사랑

주부 윤수영 씨는 크게 마음을 먹고 머리를 했다. 동네 아줌마들의 반응도 뜨거웠다. 남편의 반응이 기대되었던 수영 씨는, 남편이 귀가하자마자 기다렸다는 듯이 머리를 만지작거리며 다가갔다. 그런 수영 씨를 보고 남편이 한마디하며 지나간다. "배고파! 밥 줘!" 상처다. "상처엔 후시딘~!"

덧난 피부 상처에 바르는 연고의 광고 내용입니다. 저 상처받은 주부가 어디에 그 연고를 발라야 하는지는 모르겠지만, 의약품 광고로서는 신선하고 재미있어서 기억에 남습니다. 광고를 떠올리고 나름 상처의 동기에 대해 생각해 보았습니다.

사람들이 타인과의 관계에서 마음이 상하는 지점은 어

디일까요? 사람은 누구나 다른 사람에게 보여 주고 싶은 부분, 나와 같은 생각을 해 주었으면 하는 부분, 같이 나누고 싶은 것, 내가 어떤 존재인지 인정받고 싶은 바람이 있습니다. 하지만 상대방이 나와 다른 것을 보고, 나와 다른 생각을 하고, 나와 나누고 싶은 것이 다르고, 내가 인정받고 싶은 부분이 아닌 다른 부분을 말할 때 그 간격과 괴리에서 상처가 생기는 것 같습니다. 소통의 욕구가 채워지지 않을 때 깊은 외로움을 느낍니다. 존재가 존중받지 못한다고 생각될 때 다른 사람이 넘어올 수 없도록 벽을 세우기 시작합니다.

일상생활에서 크고 작은 상처는 수없이 발생했다가 사라집니다. 때로는 이미 사라졌다고 생각했던 상처가 다시 덧나기도 하고, 자신의 의지와는 달리 오래가는 상처로 남기도 하고, 영원히 지워지지 않는 상처로 각인되기도 합니다. 소통이 어그러지는 차원을 넘어 폭력과 강제가 개입되어 존재가 무시되고 유린될 때 그로 인한 상처는 너무 깊어서 잘 아물지 않습니다.

우리 주위에는 상처를 안고 살아가는 사람들이 의외로 많습니다. 사람들 앞에서는 유머와 미소를 잃지 않지만 혼자 있을 때면 깊은 상처가 되살아나 눈물 흘리며 고통을 감내하는 이들이 있습니다. 컴퓨터 한 대 놓인 한 평짜리 대인 관계에 갇혀서 상처를 잊고 살고자 애쓰는 이들이 있습니다. 자신은 상처가 없는 사람인 줄 알았는데 사람들과 만나 관계를 맺고 대화하다 보니 감춰진 상처가 자연스레 드러나 소통에 어려움을 겪는 이들이 있습니다. 더구나 한국 사회는 점점 사람의 가치를 그 존재 자체보다 이윤의 여부로 가늠하는 쪽으로 바뀌어 가고 있습니다. 그 과정에서 깊은 외로움과 슬픔과 상처가 재생산됩니다.

저 역시 어려서부터 수없이 많은 관계의 어그러짐과 맞닥뜨려야 했습니다. 몸이 많이 약했고, 제가 무엇을 좋아하는지 몰랐고, 제가 가진 것에 자신감이 없었습니다. 학교 친구들의 폭력에 쉽게 노출되었는데, 그때는 키도 작았고 극복할 만한 힘도 없었습니다. 길지 않은 인생을 살면서 수많은 상처를 겪었지만 가장 견디기 힘들었던 것을 떠올려 보니, 몸이 약해서 사람들과의 관계가 어그러진 것이 아니었습니다. 하나님과의 관계가 어그러진 것이었습니다.

하나님과 소통이 안 된다고 생각될 때, 내가 원하는 것과 하나님이 원하는 것이 크게 다르다고 느껴질 때, 내가 믿음으로 바란 것과 주어진 결과가 너무 다를 때, 하나님께 버림받았다고 느낄 때 그 상처는 너무도 깊어서 견디기가 힘들었습니다. 2006년, 이십대의 마지막은 제게 아주 끔찍한 기억으로 남아 있습니다. 좋아하던 예수원 생활을 중단해야 했고, 항생제가 더 이상 듣지 않아 두세 달에 한 번씩 입원하지 않으면 안 되는 상황에까지 이르렀습니다. 제게는 큰 욕심이 없었고, 제가 당한 일에 저는 어떠한 원인 제공도 하지 않았으며, 제게 주어진 상황에 대해 하나님으로부터 아무런 대답도 듣지 못했습니다. 그럼에도 불구하고 모든 가능성이 사라졌을 때 유일하게 남은 것은 '그래도 믿음'이었습니다.

길지 않은 인생을 살아오면서 제가 견디기 힘들었던 모든 문제의 원인에는 그 중심에 하나님이 있었고 그 해결책 또한 하나님께 있었습니다. 하나님도 저로 인해 저와 마찬가지로 상처 받으셨음을 제 마음에 보여 주셨습니다. 꼭꼭 숨겨 왔던 제 안의 이중성, 거룩한 신앙으로 포장했지만 그 안에 감춰져 있던 욕망의 정체를 알게 되었습니다. 하나님과 신앙을 도구로만 이용하려 했던 제 모습을 발견했습니다. 사람들이 하나님을 도구화할 때, 그때마다 하나님도 상처 받고 아파하신다는 것을 알았습니다. 하나님과의 관계 회복. 모든 상처 치유의 열쇠가 거기에 있었습니다.

이제부터는 하나님이 당장 필요해서 기도하는 습관을 버리려고 합니다. 하나님도 단지 어떤 필요 때문에 저를 찾지는 않으실 것이라 믿습니다. 사랑하면 찾게 되고, 보게 되고, 대화하게 되어 있습니다. 사랑하면 믿음생활을 압박할 필요가 없습니다. 자연스러운 신뢰 관계가 형성됩니다. 오랜 시간 기도하고 교회생활에 열심이고 성경에 대해 해박한 지식을 갖고 있는 사람보다, 하나님 사랑에 잠겨 진정한 자유와 행복을 누리는 사람이 훨씬 신앙생활을 잘하고 있다는 생각이 듭니다. 그런 사람들을 곳곳에서 많이 보게 됩니다.

상처를 이기기 위해 초자연적 힘을 구하지 않았으면 좋겠습니다. 모든 상처가 한꺼번에 치유되어야 한다고 믿지 않았으면 합니다. 하나님의 능력을 구하지 말고 하나님의 사랑을 구하시기 바랍니다. 당장 치유받지 않으면 안 될 것만 같은 압박이 서서히 풀어질 것입니다. 제 경험에 비추어 보건대, 사랑 안에서 치유되지 않는 상처는 없습니다. 쉽게 망각되지 않는 상처가 있을 뿐입니다. 혹시 상처로 힘겨운 분이 있다면, 하나님의 사랑 안에서 자유할 수 있기를 구하시기 바랍니다.

성령과 사랑

성령을 어떻게 정의할 수 있을까요? 성령 체험은, 뭔가 좋다는 건 알겠는데 다른 사람에게 설명할 수는 없는, 나와 하나님과의 은밀한 그 무엇입니다. 느낌으로는 알 수 있고 감정으로는 알 수 있는데, 다른 사람에게 있는 그대로 설명할 방법이 없어 난감합니다. 특히 성령 체험에 대해서 호의적이지 않은 사람이나 신앙이 없는 사람에게는 더욱 그렇습니다. 그 어떤 설명도 전체를 담지 못하는 부족한 느낌이 듭니다. 하지만 제게는 신앙이 있는 사람이든 없는 사람이든, 감성적인 사람이든 이성적인 사람이든, 지식이 많든 적든, 나이가 많든 적든 간에 다수가 이해할 수 있는 객관적인 언어로 성령 체험을 전달할 수 있다는 믿음이 있습니다.

일례로 '성령'이라는 단어를 '사랑'이라는 단어로 바꿔 봅시다. 그러면 이해와 전달이 매우 쉬워집니다. 본질도 크게 벗어나지 않는다고 봅니다. 구원과 복음, 희년과 공의, 성령과 자유 등 쉽지 않은 주제들이 '사랑'이라는 공통 언어로 의외로 쉽게 전달될 수 있습니다. 사랑은 누구나 알수 있고 대부분의 사람들에게 매우 익숙한 단어이기 때문입니다.

사랑을 한마디로 어떻게 설명할 수 있는지 묻는다면 저는 '상대방의 입장이 되는 것'이라고 말합니다. '사랑은 상대방의 입장이 되는 것'이라는 이 짧은 말로 성령 세례에 대한 제 경험과 생각을 나누고자 합니다. 내 입장이 되어 주신 하나님, 그것이 저의 첫 번째 성령 세례 경험이었습니다. 그리고 내가 다른 사람의 입장이 되는 것, 그것이 두 번째 성령 세례의 경험이었습니다. 이 두 가지 신비를 통해 어쩌면 지독히 주관적일 수도 있는 성령의 의미를 풀어 보고자 합니다.

내 입장이 되어 주신 하나님

저는 보통의 건강한 사람들과 달리 호흡기 3급 장애라는 특이한 병을 가지고 있습니다. 잦은 객담과 기침으로 목은 성할 날이 없고, 일반 사람들의 절반밖에 안 되는 폐 기능으로 하루 앞을 예측할 수 없는 불안한 미래를 안고 살아야 합니다. 대부분의 사람들은 자신이 숨 쉰다는 사실을 의식하지 못한 채 살아가지만, 저는 하루에도 수십 번씩 숨 쉬기가 힘들다고 되뇌며 살고 있었습니다. 한 해가 다르게 건강이 악화되었고, 결국 이십대 중반에는 돌이킬 수 없을 정도로 몸이 망가져서 일반적인 직장생활을 할 수 없게 되었습니다. 계속 사는 게 제겐 아무런 의미가 없었고, 미래에 대한 어떠한 소망도 보이지 않았습니다. 그때 태백의 예수원을 찾았습니다.

저는 원래 의심이 많고 생각이 많아서 감성보다는 합리성을 앞세울 때가 많습니다. 성령과 공의를 강조하는 예수원에서도 공의는 받아들이기 쉬웠지만 성령 세례는 이해하기 어려웠고, 남들은 쉽게 경험하는 방언 같은 체험도 전혀 경험할 수 없었습니다. 그러던 제가 성령 세례라는 것을 어렴풋하게 경험하게 된 첫 순간이 있었습니다. 뜨겁게 찬양하거나 예배드리는 중이 아니었고, 누군가에게 안수를 받거나 기도를 받는 시간도 아니었습니다. 화장실에서 끊어질 듯 불안한 숨을 몰아쉬며 힘들게 기침을 하고 있을 때, 갑자기 하나님의 마음이 느껴졌습니다. 제 고통에 동참하고 계신 하나님의 마음이 저에게 전달되었습니다. 저는 "하나님이 나를 얼마나 사랑하시는지 내가 이제야 알겠습니다"라는 말로 화답했습니다. 평소 제 모습을 생각할 때

저 자신도 전혀 예상하지 못한 반응이었습니다. 그동안 가지고 있던 합리적인 기준들이 녹아내렸습니다. 가장 천대받는 인간의 입장이 되어 주신 예수님의 십자가의 의미를 그제야 깨달았나 봅니다. 안구 건조증이 의심될 정도로 눈물이 없던 제가 아무도 없는 화장실에서 끝없이 눈물을 쏟아 냈습니다.

지금도 여전히 몸의 고통과 불안한 미래를 안고 살아가지만, 그날의 경험 이후 제 삶은 완전히 바뀌었습니다. 다른 사람에게 손해만 끼치는 하찮은 인생이, 가족과 주변 사람에게 피해를 주지 않기 위해서라도 하루빨리 세상을 떠나는 게 좋겠다며 한탄만 하던 존재가 아무 조건 없이 큰 사랑을 받는 존재로 바뀌었습니다. 하나님과 주변 사람들의 사랑을 받는다는 이유 하나만으로도 세상 그 누구보다 당당하고 행복하게 살 수 있음을 알았습니다. 이제는 그 어떤 고통이 찾아오더라도 '너는 아무런 소망이 없어'라고 속삭이는 거짓말에 속지 않습니다. 그뿐 아니라 희년함께라는 단체에서 좋은 사람들과 함께 희년 사역을 하게 되었습니다. 제가 직업을 갖게 되고 지금까지 일을 하고 있다니, 오랫동안 저를 알아 온 사람들에게는 말도 안 되는 기적 같은 일입니다. 저를 받아 준 하나님과 희년함께에 얼마나 감사한지 이루 다 표현할 수 없습니다.

이제 내가 누군가의 입장이 되어 주어야

김규항 씨의 『예수전』에 보면, 나병환자를 만난 예수님이 창자가 끊어질 듯이 슬퍼했다고 성경 원문을 해석합니다. 그 해석을 보면서 성령 치유 사역의 의미를 이해하기 시작했습니다. 문둥병을 앓는 사람 앞에서 문둥병의 고통을 그대로 안고 가신 예수님이었습니다. 너와 네 부모의 죄 때문에 하나님에게 저주 받은 것이라고 손가락질 당하던 인생, 자기 힘으로는 생활고를 해결할 수 없어 여러 번 남편을 바꾼 사마리아 여인의 절박함, 동족의 배신자라고 비난받던 삭개오의 지독한 외로움. 그들의 고통이 그대로 예수님의 고통이 되었습니다. 타인의 고통에 동참하는 데 기적과 치유 그리고 변화의 열쇠가 있다고 생각합니다.

구약에 나오는 "눈은 눈으로, 이는 이로 갚으라"는 율법은 어찌 보면 살벌해 보이지만, 눈을 잃은 자의 슬픔은 눈을 잃어 본 자만이 안다는 사실을 반증하는 것이라고 생각합니다. 하지만 성령의 시대에는 더 이상 눈을 해한 사람의 눈을 일부러 해할 필요가 없을지도 모릅니다. 성령을 받으면 눈을 잃지 않아도 눈을 잃은 사람의 고통을 알 수 있습니다. 성령을 받으면 자신이 피해 입힌 사람의 고통을 성령께서 그대로 깨닫게 해 주십니다.

또한 성령을 받으면 나와 크게 관계가 없을 것 같은 사람의 고통도 알게 해 주시기도 합니다. 등록금을 마련할 길이 없어 아파트에서 투신하려는 청년의 절망이 그대로 나의 고통이 될 수 있습니다. 치솟는 월세를 마련하지 못해 가족과 함께 인생을 끝낼 생각을 하는 가장의 괴로움이 그대로 내 고통이 될 수 있습니다. 용산 참사의 피해자들이 겪은 끔찍한 고통이 그대로 내게 큰 아픔으로 다가올 수도 있습니다. 성령을 받는 것은 기쁘고 즐거운 일이기도 하지만 때로는 고통스러운 일이 될 수도 있습니다. 하나님이 내 입장이 되어 주실 때는 내가 감당하지 못할 만큼 기쁨이 생겨나지만, 내가 누군가의 입장이 되었을 때는 견디기 힘든 고통이 따를지도 모릅니다. 하지만 그 고통은 저주도 축복도 아닙니다. 그것은 내 힘으로는 닿을 수 없을 것 같던 저 밑바닥과 나를 이어 주는 통로입니다. 이상하게도 나의 유익을 구하는 기도에는 하나님이 응답을 머뭇거릴 때가 많았지만 다른 누군가의 고통을 알게 해 달라는 기도에는 응답을 잘해 주셨습니다. 혹시 이런 경험이 없다면, 속는 셈 치고 시험해 보시기 바랍니다. 성령의 도우심으로 예상치 못한 변화가 생겨날지도 모릅니다.

희년함께에 도움을 주시는 많은 성령 사역자들이 '성령세례를 받지 않으면 희년 사역은 불가능하다'고 말합니다. 제 나름의 경험이 있기 때문에 저 또한 그 말에 동의하지 않을 수 없습니다. 제게 있어 신앙과 사역의 목적은 언제나 '죽기까지 나를 사랑하신 예수님과 그 사랑을 경험함으로써 나도 누군가를 사랑할 힘과 의무가 생긴다'입니다. 희년은 그 목적을 가장 적절히 이룰 수 있는 방법일 뿐입니다. 굳이 복잡한 이론이나 특별한 지식이 아니어도 괜찮습니다. 기독교인들에게 희년의 필요성을 전하려면 두 개의 문장이면 충분합니다. "하나님 자신이 당신을 죽기까지 사랑하십니다." 그리고 "그 하나님이 당신을 사랑하는 만큼 세상을 사랑하십니다."

내가 아무 조건 없이 사랑받는다는 사실을 깨닫지 못하면 희년 사역이 불가능할지도 모르겠습니다. 또 내가 아무 조건 없이 누군가의 고통에 동참할 만큼 사랑하려는 목적이 없다면 희년 사역이 불가능할지도 모르겠습니다. 불가능하게만 보이는 '희년' 사역이 '성령' 사건으로 인해 우리가 미처 깨닫지 못하는 때에 '보이지 않는 소망'에서 '이루어진 현실'로 바뀔 것입니다.

불완전한 감성에서 완전한 사랑으로

감정은 때로
혹은 자주
옳은 판단을 방해합니다.

원하지 않았던 행동,
원하지 않았던 사랑,
원하지 않았던 삶의 여정에는
감정이라는 프로세서의 순간 오작동이
영향을 끼친 경우가 많습니다.

실수하고, 실패하고, 크게 상처받고……

과거의 감성적인 내 모습이 싫었습니다.

감정의 낭비와 영향에서 벗어나고 싶었습니다.

불완전한 감성에서 벗어나면 좀 더 행복할 것 같았습니다.

그래서 어느 날

감정을 통제할 수 있는 방법을 터득했습니다.

이성으로 감정을 통제할 수 있게 된 것입니다.

물론 착각이었음을 지금은 압니다.

누군가 좋아하는 이성이 생기면,

내게 생겨난 그 감정의 원인을 분석하기 시작합니다.

그러면 쉽게 마음을 정리할 수 있었습니다.

슬픈 영화를 봐도 슬프지 않았습니다.

분노할 상황이 와도 차분하게 설명할 수 있었습니다.

그렇게 이성의 영역을 확장하기 시작했습니다.

그러다 신앙도 분석하기 시작했습니다.

내 신앙의 많은 부분 역시

감정의 오작동으로 인해 생겨났음을 알게 되었습니다.

이십대 중반에 신앙을 완전히 버리는 계기가 되었습니다.

그런데

믿어지지 않는다고 박차고 나간 나를
하나님은 기어이 다시 그분의 자리로 불러들였습니다.

몸이 상하고,
한 치 앞을 바라볼 수 없고,
그 어디에도 의지할 데가 보이지 않을 때
다시 무릎 꿇을 수밖에 없었습니다.

그때 하나님은
신앙의 조건은 감정이 아니라
사랑임을 알려 주셨습니다.

감정은 옳은 판단을 방해하지만
사랑은 옳은 판단은 물론 실행할 힘까지 생겨나게 합니다.

감정은 실패 뒤에 상처가 따르지만
사랑은 실패 뒤에 반성과 성장이 옵니다.

감정은 자신을 제일 중요하게 여기지만
사랑은 자신이 중요하지 않아도 괜찮습니다.

감정은 나를 과장되게 말하게도 하고

나를 볼품없이 여기게도 하지만
사랑은 언제나 내 모습 그대로 인정하게 합니다.

남보다 뛰어나지 않아도 사랑에는 부족함이 없습니다.
사랑은 그 어떤 삶도 기대하게 합니다.

사랑에는 감성도 필요하고 이성도 필요합니다.
잠시 동안 잊고 있었던 이 중요한 사실을
최근 다시 되돌아보게 되었습니다.

예수님은 이성적일까요, 감성적일까요?
그 어느 강조도 무의미한 그분의 사랑 앞에서
오늘도 조금이라도 그분을 닮아 보고자 무진장 애를 써
봅니다.

2부

구원,
사랑

집에 오니 참 좋습니다.

병원에 가지 않고 오래오래
집에 무사히 있으면 좋겠습니다.

내 인생의 가장 눈부신 날

병원에 있는 동안 〈눈이 부시게〉라는 드라마를 보았다. 다리가 불편한 아들이 걱정되어 눈이 오는 날이면 아침 일찍 일어나 눈을 쓸었다는 사실을 알게 된 아들이 엄마를 붙들고 울 때, 나도 울었다. 엄마 생각이 나서 눈물이 마구 나왔다.

엄마의 장례식을 치르고 다음날 희서를 출산했다. 병원에 찾아온 누나가 봉투를 하나 건넸다. 친손녀의 출산 비용이 부담이 될까 봐 엄마가 그동안 나 모르게 돈을 모으셨다는 말을 함께 전해 주었다. 그 돈은 엄마의 마지막 선물이었다. 이야기를 듣고 한참을 울었다. 아픈 몸을 참으면서도 엄마는 자신보다 내 걱정이 컸다. 명절이나 생일에 자식들로부터 용돈을 받으면 엄마는 늘 그렇게 모아 두었다가 내가 입원할 때마다 주고 가셨다. 그러지 말라고 해도 엄마는 늘 그랬다. 엄마의 삶에 엄마 자신은 없었다.

엄마에게는 눈부신 날이 있었을까?

어려서부터 할머니를 따라 노상에서 김밥 장사를 했던 시간. 태어나면서부터 아픈 나 때문에 수년간 병원에서 살아야 했던 시간. 생활비 부담을 덜기 위해 몸이 부서져라 일했던 시간. 엄마는 평생 고단한 인생을 살았고, 노년에는 온갖 질병을 앓았다.

하루는 엄마가 쓰러져 병원에 실려 간 적이 있었다. 응급실에서 자녀들조차 못 알아보고, 처음 보는 낯선 아이에게 손녀의 이름을 불렀다. 당뇨성 치매로 엄마의 뇌는 이미 많이 망가져 있었다. 진료 시간 내내 횡설수설하는 엄마에게 의사 선생님은 지금 가장 하고 싶은 말 한마디를 적어 보라며 쪽지를 건넸다. 엄마는 고민 끝에 한 문장 적으셨다.

"나는 평생 주님께 빚진 자입니다."

엄마를 마지막까지 붙잡은 기억, 어쩌면 엄마 인생의 가장 눈부신 날은 하나님을 만나 자신이 사랑받는 자녀임을 알았을 때가 아니었을까?

그렇다면 내 인생의 가장 눈부신 날은 언제였을까?

그나마 지금보다 훨씬 건강하고 빨리 걸을 수 있던 어린 시절이었을까? 전교생이 모여서 드리는 채플에서 학보사 주최 공모전 상을 받은 때였을까? 멋진 예수원에서 동기들과 즐겁게 담소를 나누며 지내던 때였을까? 아내와 연애를 시작하고 망설임 끝에 떨리는 마음 붙잡고 어렵게 처음 손을 잡은 날이었을까?

생각해 보자. 곰곰이 생각해 보니, 역시나 제일 행복한 시간은…… 몸은 좀 힘들어도 팔 벌리면 내 품에 안기는 희서와, 졸리면 내 얼굴에 자기 얼굴을 부비는 예서와, 여전히 나와 대화하는 시간이 가장 좋다며 내가 오기만을 기다리는 아내와 함께하는 이 시간! 설령 나중에 치매가 와서 많은 기억을 잃게 된다 하더라도 이 순간만큼은 잊히지 않을 것 같다.

그래, 오늘을 감사하자. 오늘을 사랑하자.

사랑과 구원

"하나님은 예수 믿지 않은 사람들을 지옥에 보내실까? 아니면 도무지 예수 믿고 싶지 않게 만드는 기독교인들을 지옥에 보내실까?"

"그럼 예수 믿는 거랑 죽어서 천국 가는 거랑 상관없다는 거야?"

"응. 어쩌면……."

"어쩌면? 그러면 너는 왜 예수를 믿고, 왜 교회에 다녀?"

한때 나도 지은 죄를 구원 자판기에 넣고 예수라는 버튼을 누르면 영원히 살 수 있는 생명수가 나온다고 생각했다. 나와 예수가 조금이라도 교집합이 생기면 천국에 가게 되는 게 기본적인 구원 공식이라고 말이다. 하지만 구원은 공식과 자판기가 아니다. 그럼에도 이런 공식 같은 믿음이 지금도 무수히 많은 부작용을 낳고 있고 이상한 교인을 양산하고 있지만 좀체 사라지지 않는다. 개혁적인 신앙을 가졌다고 해도 마찬가지이다. 그런 믿음 외에 다른 데서 기독교인의 정체성을 찾기가 어렵기 때문이다. 나 역시 '예수 천국, 불신 지옥'이라는 슬로건을 버리고 나니, 내가 기독교인이어야 할 이유를 찾지 못했고 결국 교회를 떠나고 말았다.

한때는 내가 정말 예수 믿는 이유가 없다고 생각했다. 과연 내가 교회를 다녔기 때문에 천국에 갈까? 신앙생활을 열심히 하던 엄마를 따라 자연스럽게 교인이 되었기에 나도 천국에 가는 걸까? 구원받았다는 확신이 구원을 보장해 주는 걸까?

주일학교는 교회 울타리를 벗어나는 질문을 자유롭게 할 수 있는 분위기가 아니었다. 의심하지 않고 믿는 것이 암묵적인 미덕이었다. 나 역시 스무 살이 되기 전까지는 내 신앙에 대해 질문하지 않았고 믿음이 흔들리지도 않았다. 그렇다고 성경을 제대로 읽은 것도 아니었다. 주일에 전도사님에게서 듣는 설교와 어른들에게서 듣는 이야기가 내가 아는 성경의 전부였다.

그런데 아니었다. 성경을 직접 꼼꼼히 읽어 보니, 성경은 죽은 뒤보다 우리가 사는 이 땅에서 어떻게 살아야 하는지에 대해 훨씬 많은 이야기를 하고 있었고, 지옥에 관해 말할 때조차 대부분의 경우 대속 교리와 무관했다. 예수는 주로 부자와 불의한 자, 말과 행동이 다른 위선자에게 지옥을 말한다. 자기 집 앞에서 굶어 죽어 가는 나사로를 신경 쓰지 않은 부자에게 영원히 꺼지지 않는 지옥 불에 있을 거라고 말한다. 이와 반대로 가난한 자, 의를 위해 박해를 받는 자, 선한 가치를 위해 이 시대가 추구하는 것을 버리는 자, 하나님의 뜻대로 행하는 자에게는 천국이 있다고 말한다. 그 시작은 씨앗처럼 작고 보잘것없어 보이지만 결국에는 많은 사람을 위한 열매를 맺고 그늘이 되어 주는 장성한 나무로 자란다고, 그게 하나님 나라라고 반복해서 강조한다.

여러 신학자들에 따르면, 천국은 죽어서 가는 특정 장소만을 의미하지 않는다. '천국'(하늘의 공간)보다는 '하나님 나라'라는 번역이 더 정확한데, 하나님 나라는 하나님이 통치하는 상태를 말한다. 즉 하나님 나라는 죽어야만 갈 수 있는 곳이 아니라 살아 숨 쉬고 있는 지금 알 수 있고 경험할 수 있는 현실인 것이다.

구원이란 단어 역시 죽음 이후 천국에 있는 상태만을 말하지 않는다. 십이 년간 혈루증을 앓던 여인이 병이 나았을 때, 평생 맹인으로 살아온 사람이 눈을 떴을 때, 귀신 들린 자가 온전한 정신을 회복했을 때, 거센 폭풍우 속에서 제자들이 예수께 목숨을 구해 달라고 애원했을 때, 삭개오가 회개하고 죄를 고백한 뒤 가난한 자들에게 자기 재산을 나눠 주겠다고 다짐했을 때 이들은 '구원'받았다. 이처럼 구원은 광범위한 맥락에서 쓰인다. 병자와 세리에게 같은 구원을 말하지만 다른 방법이 제시된다. 백 명의 사람이 있으면 백 가지의 구원이 존재한다. 궁극적으로 구원이라는 단어는 '문제 해결'을 뜻하고 '위기에서 벗어남'을 의미한다.

회심과 성령 세례, 천국과 하나님 나라, 십자가와 구원. 이 복잡한 개념들을 모두 관통하는 하나의 단어가 있다. 바로 '사랑'이다. 구원은 우리를 향한 하나님의 사랑이다. 성경을 압축하고 압축하면 이런 메시지가 남는다. '하나님은 가장 아끼는 아들을 내어 주실 만큼 우리를 사랑하시고, 우리도 그분이 하신 것처럼 이웃을 자기 몸같이 사랑하기를 원하신다.' 이는 성경 곳곳에 설명되어 있고, 어쩌면 이미 우리가 잘 알고 있는 사실이며, 우리 모두에게 좋은 소식 곧 복음이다. 대속의 교리를 받아들이지 않으면 영원히 꺼지지 않는 불구덩이에서 고통당한다는 소식은 좋은 소식일 수 없다.

저들은 구원받을 자격이 없다고 세상 사람들이 손가락질하고 멸시해도 예수는 기꺼이 그들에게 다가갔다. 율법에서 부정한 자로 낙인찍힌 하혈하는 여인과 접촉하고, 민족을 배신한 놈이라 손가락질 당하는 세리에게 식사를 청하고, 부모의 죄로 인해 저주 받았다고 놀림 받는 맹인의 눈을 만진다. 몸을 팔다가 현장에서 잡혀 돌에 맞아 죽을 위기에 놓인 여인에게 죄 없음을 선포하고, 유대인들이 경멸하던 다섯 번 결혼한 사마리아 여인과 자연스레 말을 섞는다. 예수는 삶으로 보여 준다. 예수에게 사랑받지 못할 생명은 없다. 자기 힘으로는 절대 구원받을 수 없는 절망적인 인생에게 예수는 아무 조건 없이 구원을 선물한다. 우리가 할 일은 그런 예수를 본받아 그저 사랑하는 것이다. 우리가 알 수 없고 증명할 수 없는 사후의 일은 온전히 하나님께 맡기고, 그저 조건 없이 아무 차별 없이 사랑하는 것이다. 사랑이 구원이다.

그러함에도 굳이 하나님이 사랑할 수 없는 부류가 있다면 '우리만 선택받고 사랑받았다'고 생각하는 바리새인과 율법학자 같은 이들이다. 특별한 사람만 구원받을 수 있다는 특정한 방법론과 조건적인 구원론을 버리지 않는 한, 아무 조건 없이 아무 차별 없이 사랑하고 구원하는 예수와 하나가 될 수 없기 때문이다.

하나님의 사랑을 깊이 깨달으면 내 이웃도 나와 같이 하나님의 사랑을 받는 존재임을 알게 된다. 그제야 자신의 죄가 보이기 시작한다. 구원을 받기 위한 방편으로서 죄를 고백하는 것이 아니라, 이웃을 하나님의 사랑받는 생명으로 대하지 못했던 자신의 죄가 보이기 시작하는 것이다. 극심한 가난 속에 스스로 목숨을 던진 사람들의 뉴스를 볼 때면 내가 부자로 살고 있는 것 같아 죄스럽게 느껴진다. 가난한 나라 사람들의 노동력을 착취해 만들어진 값싼 수입 물품을 마냥 좋다고 사야 할지 주저하게 된다. 다른 사람에게 피해를 주었던 일이 내 몸에 상처를 준 것처럼 아프고 미안하다. 그러한 회개에 이른 사람은 자신이 구원받았다고 확신하며 자랑하기보다는, 자신이 언제든 같은 죄를 또 지을 수 있는 자임을 알기에 끊임없이 변화되기를 갈망하고 겸손한 삶을 선택한다. 그리고 자기와 같은 방법을 거치지 않은 사람을 보면서 그가 구원받지 못했다고 함부로 판단하지 않는다.

그저 예수는 먼저 사랑했고, 그 사랑이 사람을 변화시킨다. 이 변화의 힘은 강하다. 이 변화는 또 다른 사람에게 영향을 주어 구원에 이르게 한다. 사랑과 구원의 선순환이다.

내가 신앙을 다시 회복할 수 있었던 것도 가족과 이웃의 사랑 덕분이었다. 과거에 정기적으로 입원해야 할 만큼 몸이 좋지 않았을 때 나는 내가 끊임없이 주변에 손해만 끼치는 존재라고 생각했다. 그런데 많은 사람들이 그런 내가 존재만으로도 충분히 사랑받을 자격이 있다고 알려 주었다. 그때 비로소 알았다, 사랑받기 때문에 생명이 가치 있음을. 번듯한 역할을 못하더라도, 좋지 않은 상황에 있더라도 하나님의 사랑을 받고 있다면 생명은 충분히 가치 있는 것이다. 이것이 하나님이 내 삶을 통해 알게 해 주신 구원과 복음이다. 내가 기독교인이라고 당당히 말할 수 있는 이유도, 평생 전하고 싶은 복음도 바로 이것이다. 우리를 향한 예수의 한없는 사랑, 몸과 마음을 다해 사랑한 예수의 그 사랑이다.

구원해 주지 못한 구원론

이십대 초반 청년부 시절, 교회 하계 프로그램으로 수련회 대신에 전도 여행을 떠난 적이 있다. 평소처럼 별생각 없이 참여했지만 찬양과 특강, 레크리에이션을 주로 하던 종전의 수련회 분위기와는 사뭇 달랐다. 전도 여행의 말미에는 낯선 시골 마을에서 생면부지의 사람을 만나 전도를 해야 하는 과제가 있었다.

"어르신! 예수 믿고 구원받으셔야 해요."

이상하게도 이 한마디가 입에서 떨어지지 않았다. 이런 말을 건네야 하는 상황이 어색하고 불편했다. 마을 분들에게 전하려는 이 말을 과연 나는 확신하고 있는가? 그러지 않을지도 모른다는 불안한 마음이 들었다. 혼란스러웠다. 결국 전도 방문을 나서야 하는 시각에 나는 아무도 살지 않는 폐가에 들어가 혼자서 밤을 보냈다.

나는 모태 신앙인이다. 긴 신앙생활을 하는 동안 내 신앙을 검증하거나 의심하는 검증 과정을 거칠 기회가 없었다. 20여 년 동안 생각 없이 습관처럼 교회를 다녔다. 교회에 좋은 친구들이 많아서 교회 가는 게 마냥 즐거웠다. 하지만 다른 사람에게 나의 신앙을 전하려다 보니 교회 출석의 의미를 다시 생각해야 했다. 결국 전도 여행은 나에게 전도할 만한 믿음이 없다는 것만 확인시켜 준 셈이었다.

예수를 믿는다는 것은 구체적으로 무엇을 말하는가? 구원은 무엇을 의미하는가? 믿음이 생긴 후에는 어떻게 살아야 하는가? 그리고 그 믿음은 어떻게 증명되고 구별되는가? 그 어떤 기본적인 질문에도 나는 대답할 말이 없었다. 물론 그동안 교회에서 배운 건 있었다. 이 질문들에 사영리 전도지 같은 내용으로 기계적인 대답을 할 수는 있을지 모른다. 하지만 대학생이 되어 여러 책과 다양한 지식을 접하고 생각의 힘이 커지면서, 교회에서 배웠던 구원이라는 주제가 결코 짧은 몇 마디로 설명될 수 없다는 것을 알게 되었다.

특히 역사를 배울수록 가슴 아픈 진실을 마주해야 했다.

하나님의 무한한 사랑을 전해야 한다는 복음 교리를 가진 기독교가 차마 상상하기조차 힘들 만큼 수많은 생명을 살해하고 처형했다. 옛날에나 있었던 일이지 지금은 아니라고 항변하겠지만, 교리가 다르다고 영원히 꺼지지 않는 지옥 불에 사람을 보내는 하나님을 신앙하는 이상 그 잔혹함은 계속 대물림되지 않을까?

이슬람의 번창뿐 아니라 공산주의의 확산도 기독교인 황제의 탐욕과 귀족들의 착취가 발단이었다. 가난한 농민들은 몇몇 귀족 가문이 대부분의 땅을 차지하는 실태에 분노했고, 그로 인해 공산주의 운동은 걷잡을 수 없을 정도로 맹렬하게 퍼져 나갔다. 그랬던 곳들은 현재까지도 선교하기 가장 어려운 지역으로 남아 있다.

기나긴 기독교 전통을 가진 선진국에 어마어마한 부채를 지고 있는 가난한 나라들이 지금도 많이 있다. 자국민의 먹거리조차 해결하지 못해 아이들이 굶어 죽고 있지만 선진국에 수출할 단일 작물을 재배하느라 헐값에 천연 자원과 인력을 팔아넘기고 있다. 그런데도 육체가 아닌 영혼이 구원받는 게 중요하다며 사회 문제는 외면한 채 예수 믿고 천국 가야 한다는 말만 되풀이하는 선교지의 전도자들이 적지 않다.

교회사와 세계사, 과학과 철학, 경제와 세계 자본주의 시스템을 알아 갈수록 그동안 교회에서 절대 진리라고 배웠던 것들 중 사실이 아니거나 사실의 중요한 부분을 간과한 게 많음을 알게 되었다. 결국 그 여름의 전도 여행 이후 나는 하나님이 없다고 결정하고 한동안 교회에 발길을 끊었다.

"어떻게 내가 용서하기도 전에 용서할 수 있어요?"

영화 〈밀양〉에 나오는 대사이다. 아이를 유괴해 살인한 범인을 그럼에도 용서하겠다고 힘들게 결심하고 찾아간 신혜 앞에 나타난 범인은 자신이 이미 하나님께 회개하고 용서받았다며 편안한 표정을 보인다. 그러자 신혜는 도리어 시험에 든다. 한 사람의 믿음이 다른 사람에게는 지옥이 될 수 있다.

피해자에 대한 배려가 없는 신앙, 민주화 운동을 하는 학생들을 붙잡아 온갖 고문을 가했던 악명 높은 고문 기술자가 회개했다며 당당하게 자신의 과거를 미화하고 목사가 될 수 있는 신앙, 조직 폭력배 두목이었어도 신앙인이 되어 회개와 범죄를 반복하며 유지할 수 있는 신앙, 한 주 동안 신앙에 거슬리는 일을 했어도 주일에 교회에 와서 눈물로 회개하면 후련한 마음으로 교회 문을 나설 수 있는 신앙. 종교 선호도 조사에서 개신교가 항상 꼴찌인 이유가 어쩌면 당연해 보인다.

오늘날 많은 사람들이 걱정과 근심을 안고 살아간다. 해결되지 않는 고통과 질병, 아무리 애써도 헤어 나올 수 없는 가난과 절망, 떨칠 수 없는 소외감과 두려움, 열심히 교회에 다니고 기도해도 실마리가 보이지 않는 문제가 계속 쌓여 간다. 갈수록 걱정과 근심은 커져만 가는데 교회들은 줄곧 예배와 헌금, 기도와 사후 세계만 중시하고 빈부 격차를 심화시키는 물질적 성공을 강조한다. 세계 최고의 자살률을 기록할 정도로 걱정과 우울감이 치솟고 있는데도, 자살하면 지옥 간다는 어처구니없는 교리로 피해자 가족을 두 번 죽인다. 결국 청년들을 중심으로 교회 이탈 현상이 가속화되고 있다. 다수의 한국 기독교인들이 믿는 구원론이 한국 청년들을 구원해 주지 못했다.

예수 당시에는 성전을 통하지 않고는 죄 사함을 받을 방법이 없었다. 구원의 문턱은 높았고, 가난한 사람들은 진입하기 어려웠다. 특정한 사람과 장소, 조건을 거치지 않고는 구원받을 수 없었는데 예수의 죽음으로 해결되었다. 예수 당시에 믿음으로 구원받는다는 것은, 어떤 조건을 통해야만 구원이 가능하다는 기존의 방식이 무너짐을 의미했다. 그런데 오늘날 교회는 그 내용이 뭔지 정하기조차 어려운 믿음에 또 다시 조건과 기준을 가져다 붙여 자신들이 정한 울타리 안에 들어오지 않으면 구원받지 못한 자로 규정하고 배척한다.

이단과 우리가 다른 것은, 특정한 방법과 조건을 통한 구원이 아니라 조건 없이 선물로 주어지는 구원을 믿기 때문이다. 구원이 방법에 치우치고 조건에 치우치게 되면 예수를 죽인 율법학자들과 다를 게 없다.

또한 구원은 '문제 해결'을 뜻한다.

불치병에 걸린 사람에게는 건강이 구원이고, 배고픈 사람에게는 빵이 구원이다. 다툼이 있는 곳에는 화해가 구원이고, 외로움이 있는 곳엔 친구가 구원이다. 가난한 사람에게는 복지가 구원이고, 전쟁이 있는 곳에는 평화가 구원이다. 구원은 영적이면서도 아주 실제적이다. 모든 문제의 해결자로 오신 예수의 구원을 죽음의 문제 하나로 축소해서는 안 된다. 게다가 그 죽음의 해결 방법조차 내가 알고 있는 게 과연 맞는지 다시금 생각해 봐야 한다.

한동안 기독교가 합리적이지도 윤리적이지도 않다고 생각했다. 시간이 흐르면 자연스럽게 사라질 구시대의 유물로 여겼다. 그래서 전도 여행 후 교회와 기독교를 완전히 떠났다. 그렇게 완전히 벗어났다고 생각했지만 수십 년간 뿌리내린 신앙이 그리 쉽게 사라질 리 없었다. 마음 한구석에 나도 모르는 예수에 대한 진한 그리움이 남아 있었던 걸까? 몸이 크게 아프고 오갈 데 없는 처지가 되었을 때 누나들의 적극적인 권유로 태백에 있는 수도 공동체 예수원을 찾았다.

하나님은 나를 포기하지 않으셨다. 적은 지식으로 많은 것을 알고 있는 양 착각하고 있는 나를 하나님은 버리지 않으셨고 다시 부르셨다. 하지만 하나님 신앙으로 돌아가려면 그에 앞서 해결해야 할 과제가 남아 있었다. 나 하나가 기독교로 다시 돌아선다고 해서 한국 기독교의 비합리적인 문제점이 해결되는 것은 아니다. 그렇다면 하나님이 내게 혹은 우리에게 원하는 진짜 신앙은 무엇일까? 예수 신앙의 본질은 무엇일까? 그때부터 깊이 고민하기 시작했다. 고민하고, 기도하고, 강의를 듣고, 성경을 다시 보면서 전에 몰랐던 혹은 놓치고 있던 것이 조금씩 보이기 시작했다.

보금이가 살아갈 세상

열아홉 살 때 조직 검사를 받고 우리나라에서는 사례가 매우 드문 희귀병임을 알았다. 폐가 정상적으로 기능하지 않는 게 주된 특징이지만, 그뿐 아니라 장래에 아이를 갖기 어려울 수도 있다고 했다. 그때는 어렸기에 폐 기능만 걱정했지 아이 문제는 고민거리가 아니었다. 게다가 결혼 자체가 어려울 거라 생각했으니 말이다.

해가 갈수록 몸이 안 좋아졌다. 위험한 고비도 여러 차례 넘겼다. 모든 것을 포기했을 때 하나님은 회복을 주셨다. 다시 일상생활이 가능할 만큼 건강을 주셨고, 나의 몸 상태를 온전히 배려해 주는 직장을 주셨고, 있는 모습 그대로 나를 사랑해 주는 아내를 만나 결혼까지 하게 해 주셨다.

그러고 나니 이전에 생각지도 않던 자녀 문제가 고민거리로 등장했다.

나는 이미 입양을 염두에 두고 있었지만, 아내는 할 수 있는 데까지 먼저 시도해 보자고 했다. 내 병의 특징이 기관지의 섬모 운동뿐 아니라 정자의 운동성도 없는 것이기에 아이를 가지려면 시험관 시술을 해야 했다. 불가능하지는 않지만 매우 드문 사례여서 잘되면 논문감이라며 시술 담당의도 가능성에 반신반의하는 눈치였다. 그래도 할 수 있는 데까진 해 보자. 생명은 하나님께 있으니, 우리가 할 수 있는 노력을 다하고 결과는 하나님께 맡기자. 그렇게 마음먹었다.

착상에 도움이 된다는 것은 다했다. 운동, 식이요법, 약도 챙겨 먹었다. 그런데 결과는 좋지 않았다. 우리가 할 수 있는 노력을 다해도 안 되자 생명은 하나님께 있음을 거듭 실감했다. 시험관 시술은 아내가 고생을 해야 하고 비용도 만만치 않아 무한정 할 수는 없었다. 마지막으로 한 번만 더 해 보기로 했다. 그리고 많은 분들의 기도와 응원에 힘입어 천신만고 끝에 호르몬 수치가 정상 임신 범위로 나왔다는 연락을 받았다. 내 생명을 이어받은 아이를 갖게 되다니!

태아는 아직 임신 초기라 극히 조심해야 했다. 엄마의 보금자리에서 떨어지지 않고 잘 있어 달라는 바람으로 태명을 '보금'이라 지었다. 게다가 우리 부부에게 더할 수 없는 좋은 소식을 안겨 준 녀석이니 '보금'(복음)은 우리 부부의 마음을 가장 잘 대변해 주는 이름이었다.

초음파 사진에서 아기집이 생긴 것을 확인하고 양가 부모님께 알렸다. 모두 진심으로 기뻐해 주셨다. 장모님은 기뻐하시면서도 혹시 모른다며 태아 보험을 넌지시 권유하셨다. '그렇구나. 임신이 끝이 아니라 시작이구나.' 혹시 유산이나 조산이 될 수도 있고, 나의 희귀병이 유전될 수도 있다. 피하고 싶어도 피할 수 없는 현실적인 문제였다.

"하나님! 저는 감당할 자신이 없습니다. 저 때문에 부모님이 겪었던 끔찍한 고생을 저는 감당할 자신이 없습니다. 부디 저희 부부에게 건강한 아이를 주십시오."

정말 간절했다. 태어나면서부터 아팠던 나 때문에 부모님과 가족이 감당해야 했던 고통은 겪어 보지 않고는 결코 모른다. 뿐만 아니라 온갖 고생과 절망이 가득했던 나와 같은 인생을 아이에게 물려주고 싶지 않았다. 그런데 기도를 하다 보니, 하나님이 원하시는 기도가 아니라는 마음이 들었다. 그러자 아이가 건강하기를 바라는 기도가 더는 나오지 않았다. 이상하다. 다른 것은 몰라도 건강 하나만은 간절히 바랐는데…….

과연 하나님이 기도에 응답하지 않기 때문에 건강하지 않은 아이가 태어나는 걸까? 갑자기 그런 생각이 들었다. 아픈 아이가 태어나는 것은 부모의 죄나 하나님의 저주가 아니다. 어쩌면 그저 건강한 아이보다 좀 더 사랑이 필요한 귀한 생명일지 모른다. 하나님이 나에게 복을 주신다면 건강한 자녀를 주시는 게 아니라 어떤 아이라도 사랑할 힘을 주시지 않을까? 그래, 이것이 하나님이 원하시는 기도이고 이것이 하나님의 은혜라는 생각이 들었다. 하나님은 건강한 자녀보다 어디를 가도 사랑받는 자녀를 원하신다. 건강한 아이보다 설령 건강하지 못하더라도 아이가 충분히 사랑받을 수 있기를 바라신다.

복음, 복된 소식이 뭘까 다시 고민해 보았다. 예수님은 왜 하찮은 인생, 더구나 당시 세상으로부터 온갖 손가락질 당하는 사람들과 가까이하시다가 온갖 죄를 덤터기 쓰고 죽으셨을까? 십자가 사건이 주는 메시지는 보금이를 통해 더욱 분명하게 내게 다가왔다.

'세상에 귀하지 않은 생명은 없다. 그리고 사랑받지 못할 생명은 없다.'

복음, 우리 모두에게 좋은 소식은 이것이다. 예수가 목숨까지 내어 줄 만큼 내 생명은 귀하고, 또 내 생명이 귀한 만큼 내 이웃의 생명도 귀하다. 모든 '문제 해결'(구원)의 본질이 여기에 있다. 사람의 생명은 그 자체로 값을 매길 수 없을 만큼 존귀하다. 보금이를 통해 복음의 진리를 되새겨 보는 기회가 되었다.

나날이 약육강식의 자본주의가 심화되는 이 땅에서 보금이와 같은 다음 세대가 살아가기란 만만치 않아 보인다. 우리 어른들이 할 일은 모든 생명이 기본적인 행복을 누릴 수 있는 환경이 마련되도록 힘쓰는 것이다. 내 아이만 건강하고 내 아이만 공부 잘하고 내 아이만 온갖 역경을 딛고 일어서기를 기도하기보다는, 건강하지 않아도 공부를 못해도 이런저런 실패로 점철된 인생일지라도 자신이 존귀한 존재임을 잊지 않고 살아갈 수 있는 사회를 만들어야 한다. 어느 누구든 기본적인 행복을 추구하고 누리고 살아갈 수 있는 사회와 환경을 조성하도록 애쓰고 기도해야 하겠다.

한 번의 다짐으로 해결될 문제는 아니다. 어쩌면 죽을 때까지 이 문제를 붙들고 씨름하고 기도하고, 그러다 해결되면 다시 고민하면서 계속해서 거듭 시도해야 할 일인지도 모른다. 이제 시작이다. 다음 세대가 좋은 소식 가득한 세상에 살아가도록 하는 일, 이제 시작이다.

고통과 거짓말

이솝 우화의 양치기 소년이 어쩌면 억울할지도 모른다는 생각을 해 봤다. 자신은 거짓말을 하지 않았고 진짜 늑대를 보았다고 말이다. 남을 속인다는 건 자기 자신은 속지 않음을 전제한다. 하지만 나에게 속아 넘어가는 대상이 분명 있는데 나는 절대 거짓말하지 않았다고 확신한다면, 그것은 스스로 속고 있기 때문일 것이다. 이때 가해자는 자신이며 피해자 또한 자기 자신이다. 엄청난 바보가 아니고서야 어떻게 자기 자신에게 속아 넘어갈 수 있을까?

고통이 그렇게 만들 수 있다. 고통은 사람을 바보로 만든다.

양치기 소년도 단지 지루해서 마을 전체를 속이는 거짓말을 하지는 않았을 것이다. 양치기 소년이 대화할 수 있는 상대는 늘 똑같은 소리만 내는 양 떼뿐이다. 그리고 양 떼를 먹이기에 좋은 풀밭만을 찾아다닐 뿐 정작 자신이 가고 싶은 곳을 찾아갈 자유는 양치기 소년에게 없다. 매일 아무런 변화가 없는 일상. 그 지루한 하루하루가 쌓여 결국 울분이 되어 터져 나온다. 죽고 싶을 만큼 외로운 것이 이 가난한 양치기의 삶이다.

그 외로움이 봇물처럼 터져 울음을 토한 게 바로 그날이었다. 우연히 나뭇잎을 스치는 바람 소리에 흠칫 놀란다. 평소라면 그저 바람 소리이겠거니 하고 지나칠 수도 있었을 텐데, 오늘은 왠지 다르다. 사람들이 있는 곳에 자기도 가고 싶은 마음 때문임을 양치기는 알지 못한다.

외로움이 판단력을 무너뜨렸다. 어쩌면 늑대가 나뭇잎을 스치고 지나갔을지도 모른다는 생각이 들자 순식간에 공포에 휩싸인다. 사람들에게 빨리 알려야 한다! 양치기는 양이고 뭐고 할 것 없이 뒤로하고 소리치며 마을로 달려간다. 사람들이 몰려왔지만 늑대의 흔적은 어디서도 발견되지 않는다. 그런데 소년은 이처럼 어이없는 실수를 또 한 번 반복하게 된다. 양치기 소년도 믿기지 않는다. 분명 자신은 늑대를 감지했는데……

그러던 어느 날 정말로 늑대 떼가 갑자기 밀려들었고 더 이상 양치기 소년의 말을 믿는 사람은 없었다. 양치기 소년의 삶은 그렇게 순식간에 파멸하고 만다.

고통은 사람을 바보로 만든다.

결국 한 존재를 파멸시킨다. 평범하고 반복적인 일상에 안 좋은 변화를 가져온다. 과거의 경험이나 상식으로 해결되지 않는 부분이 생겨나면서 판단력이 흐려지고 기준이 무너지기 시작한다. 전에도 종종 들던 농담인데 고통 속에서는 그 말이 독이 될 수 있고 마음에 큰 상처를 남길 수도 있다. 다른 사람들이 이전과는 다른 시선으로 자신을 바라보고 있다고 느끼기 시작한다. 자기 자신을 속이는 거짓말의 시작이다.

고통 속에 있으면 자신의 가치와 능력이 손상되었고 계속해서 손실되고 있다고 느낀다. 이전과는 다른 자신의 모습이 맘에 들지 않는다. 부정적으로 변한 자신의 모습을 인정하지 않고 거부하기 시작한다. 다른 이들이 자신의 이런 모습을 싫어하고 거부하는 것도 당연하다고 생각한다. 어느새 생겨난 방어적인 태도가 다른 사람과의 사이에 두꺼운 벽을 세운다. 누군가가 내게 도움을 주기가 쉽지 않다. 스스로 만든 벽 앞에서 외로움을 느낀다. 고통이 길어질수록 자신이 만들어 낸 거짓 거절감도 깊어진다.

실제로는 나를 싫어하는 사람은 없건만 자신이 만들어

낸 거절감이 짙어지면, 사람들이 나를 귀찮아하고 음해하려 한다고 거짓말까지 할 수 있다. 고통은 이런저런 모양으로 나를 넘어뜨리려 하고 그러기 위해 계속해서 거짓말을 지어낼 것이다. 거짓에 속아 넘어가는 일이 누적되다 보면 결국 삶이 파멸되는 지경에 이를지도 모른다. 끝내 거짓은 죽어야만 되는 존재로 나를 만들어 버린다.

나는 이 세상에서 가장 불쌍한 존재라는 거짓말, 내게는 더 이상 아무런 소망이 없다는 거짓말, 아무도 나를 환영하지 않으리라는 거짓말. 나의 경우, 스스로 만들어 낸 이 거짓말들 중 고통이 그 원인이었던 경우가 가장 컸다. 그렇다면 고통이 사라지면 이러한 거짓말도 사라질까?

아니다. 사람에게서 고통이 완전하게 영원히 사라지기란 불가능하다. 또한 아무리 그럴듯한 모습으로 치장한다 하더라도 고통은 어느새 그런 겉모습을 뚫고 나와 끊임없이 나를 괴롭힐 것이다.

나는 내게 있는 고통의 의미를 직면해 보기로 한다. 과연 나의 이 고통이 어디에서 왔는지, 이 고통의 목적은 무엇인지 살펴보기로 말이다. 고통이 없는 나는 존재하지 않고 고통이 없는 세상 또한 존재하지 않음을 먼저 인정하려 한다. 야생 망아지마냥 내 삶을 짓밟는 고통의 목덜미를 죽을 힘을 다해 부여잡으려 한다. 그리하여 결국 내가 이용할 수 있는 명마로 이 고통을 길들일 것이다.

고통의 또 다른 의미

어느 날 힘겹게 지하철 역 계단을 오를 때였다. 옆에서 한 할머니가 무거운 짐을 들어 올리며 힘겹게 한 계단 한 계단 오르고 있었다. 할머니를 바라보는 순간 눈이 마주쳤다. 나는 움찔했다. 뭔가 호소하는 듯한 눈빛. 사지 멀쩡한 청년이 짐도 안 들어 주냐는 핀잔으로 보였다(나는 겉보기엔 멀쩡하다). 하지만 할머니만큼 힘겹게 계단을 오르는 나였기에 도울 힘이 없었다. 도와주고 싶은 마음이 커질수록 미안한 마음도 커지고 나 자신이 더욱 초라해 보였다.

해가 갈수록 지하철에 빈자리가 나면 주저 없이 앉는 속도가 빨라지고 있다. 그만큼 나에게서 양보와 배려심이 점점 사라짐을 느낀다. 고통은 누군가를 도와주고 싶은 마음을 갉아먹는다. 어느새 정신을 차리고 되돌아보면 나 자신만 아는 이기적인 존재로 변해 있는 것을 보게 된다. 그런 나 자신이 싫어서 다시 되돌리고 싶지만 되돌아가기란 마음처럼 쉽지 않다.

내가 고통받기 전에는 '고통'이라는 단어가 쉬웠다. 누구나 극복할 수 있고 의지가 약한 사람이나 벗어나지 못하는 것이라고 가볍게 말할 수 있었다. 하지만 고통 가운데 있는 사람은 안다. 고통은 그렇게 쉽게 말해 버릴 수 없는 힘들고 외로운 것임을……. 그 누구도 나와 똑같은 아픔을 느낄 수 없고 내 아픔을 완전히 이해할 수도 없다는 결론에 이르면 고통은 오롯이 나 혼자만의 것으로 귀결되고 만다. 그렇게 고통은 지독한 외로움에서 태어나고 자란다.

그러던 어느 날 문득 나를 되돌아보니, 다른 사람을 바라보는 나의 시각과 기준이 조금 바뀐 것을 알게 된다. 사람들이 예전과는 다르게 보이기 시작한다. 혹시 내 주변의 저 사람도 나와 비슷하지만 다른 종류의 어떤 고통이 있는 것은 아닐까……. 성격에 문제가 있는 사람, 사람들과 잘 어울리지 못하는 사람, 끊임없이 충돌을 일으키는 사람, 대화가 부자연스러운 사람……. 예전에는 이해할 수 없고 짜증 나기도 했던 사람이 어느 순간 다르게 보이기 시작한다. 저 사람도 고통 중에 있을 수 있다, 외로움 가운데 있을 수도 있다, 사랑에 굶주려 있을지도 모른다.

누군가의 아픔이 다르게 보이기 시작한다. 예전에는 이겨 낼 의지가 없고 인내심이 부족한 사람의 투정으로 들리던 고통의 호소가 이제는 작은 외침조차도 작게 보이지 않는다. 고통은 나와 다른 사람 사이에 벽을 만들기도 하지만 나와 다른 사람 사이에 있던 벽을 무너뜨리게도 한다. 고통받는 사람을 돕고 싶다면 경제적 능력이나 여유보다 그들을 이해하려는 마음과 능력이 선행되어야 하지 않을까.

어쩌면 고통받는 사람은 고통을 이해할 수 있는 최선의 준비가 된 것인지도 모른다. 누군가에게 가장 필요한 사람이 되는 길, 누군가를 사랑할 수 있는 가장 좋은 비결은 상대방의 입장이 되어 보는 것이기에. 율법에 "눈에는 눈, 이에는 이"라는 구절이 있다. 이 살벌해 보이는 문구에서 느낄 수 있는 것이 있다. 눈을 잃은 자의 슬픔은 눈을 잃은 자만이 알 수 있다는 것이다. 그래서 눈을 상하게 하는 것이 얼마나 큰 죄인지 알려 주는 방법은 당시 이런 것밖에 없었을 것이다.

하나님도 마찬가지다. 날마다 실수하고 넘어지는 한심한 인간들을 온전히 이해하기 위해 사람의 입장이 되어 보기로 하신 것이다. 사람이 느낄 수 있는 가난, 질병, 고통, 배신감, 외로움, 슬픔을 그대로 다 겪기로 하신 것이다. 그러고 보면 예수님을 보내신 하나님의 방법은 지독하기까지 하다. 고통의 또 다른 의미가 이렇게 다가온다.

그 누구도 사랑할 여유가 없다는 절망감에서, 그 누구의 고통도 이해하고 껴안을 수 있겠다는 자신감으로의 변화. 고통에 그 비결이 있는지도 모른다.

아름다운 죽음

"너도 이제 죽음을 미리 준비해 둬. 어차피 지금 죽으나 나중에 죽으나 천국에 가는 건 마찬가지니까……."

이번 입원 기간 중 어머니가 간병하면서 해 준 말에 잠시 충격을 받았다. '어머니께서 당신 몸도 좋지 않으신데다 많이 지치셨구나. 나를 돌볼 힘이 없으신 거야.' 아쉬움과 미안함이 뒤엉켜 가슴을 쳤다. 그런데 잘못된 생각이었다. 나중에 누나에게 들은 얘기지만, 누나와 이야기하며 어머니는 내가 괴로워하는 모습을 더는 못 보겠다 하셨다고 한다. 어머니는 내가 아픈 것을 나보다 훨씬 더 괴로워하신 것이다. 차라리 내가 고통 없는 천국에 가는 편이 낫겠다고 생각하셨는지도 모른다.

어렸을 적부터 그랬다. 내가 잠이 들어서도 아파 신음할 때면 어머니는 내 머리에 손을 얹고 기도하셨다. 나는 그 손의 떨림을 느끼곤 했다. 어머니의 손은 울음을 참느라 항상 떨렸다. 어쩌면 어머니는 언제 끝날는지 알 수 없는 기나긴 고통 너머의 축복된 죽음을 바라셨는지도 모른다. '죽고 싶다'는 탄식은 제대로 살지 못하고 원하는 대로 살지 못한 삶에 대한 아쉬움의 표현인지도 모른다. 결국은 '살고 싶다, 살려 달라'는 들리지 않는 호소이자 절규이며 비명인 것이다.

죽음은 모든 이에게 두려움의 대상이다. 신앙을 가진 사람에게도 마찬가지다. 죽음에 이르기 전에 고통이라는 과정을 겪어야 하기 때문이다. 살아 있는 동안 자신의 존재를 증명해 준다고 믿었던 능력과 권위, 힘 같은 것들이 하나하나 굴복되면서 죽음에 이르게 된다. 그처럼 나에게서 모든 것이 사라졌음을 느낄 때, 나의 모든 의지가 굴복되는 그때 어쩌면 지금까지 보지 못했던 또 다른 나의 가치를 보게 될 수도 있다.

영원히 '내 것'이라고 주장할 수 있는 것이 많을수록 죽음은 더욱 두려워진다. 죽지 않으려고 집착할수록 황폐해진다. 다른 사람에게 비료가 되는 죽음이 낫다. 쓰레기조차 빨리 썩을수록 땅을 비옥하게 하는 비료가 된다. 나는 이제부터 아름다운 죽음을 준비하려고 한다. 죽고 싶지 않다는 기도보다는 기쁨으로 맞이할 수 있는 죽음을 기대하게 해 달라고 기도하려 한다.

예수님이 그랬다. 누구보다도 큰 고통을 겪었고, 아무 죄 없이 하나님에게서 버림받았고, 신뢰하며 따랐던 이들로 부터 배신당했고, 세상에서 가장 끔직한 형벌인 십자가에 달려 죽었다. 예수님은 이러한 고통 앞에서 자기 자신을 완전히 포기했다. 그리고 그 죽음은 이 세상의 모든 생명을 살리는 비료가 되었다.

이번 입원 기간 동안 의사가 누나에게 만약의 사태에 대비해 두어야 한다고 말했단다. 다음번에 더 심하게 폐동맥이 파열되면 정말 위험할 수 있으니, 위급한 상황이 올 경우 어떻게든 응급 처치를 해서 몇 시간이라도 생명을 연장시킬지 아니면 그냥 죽음을 맞이하도록 할 것인지 미리 결정하고 마음의 준비를 하는 게 좋겠다고 말이다. 누나는 무척 어렵게 이 말을 내게 건넸다. 나는 잠시 망설였다. 어차피 죽음에 직면하는 게 좋겠다고 말할 거면서 말이다. 그 잠시의 망설임이 나는 민망했고 부끄러웠다.

하지만 이 일은 한 순간의 망설임도 없이 죽음을 맞이할 수 있도록 미련과 후회가 남지 않는 삶을 살아야겠다고 다짐하는 계기가 되었다. 그리고 어쩌면 죽음이 멀지 않을 수 있다는 말을 듣고 보니 주변 사람들과 헤어질 일이 너무 아

쉽다는 마음이 들었다. '사랑할 시간이 부족하다. 사랑을 표현할 용기가 없다는 평계는 더 이상 하면 안 되겠다'는 깨달음이 찾아오면서 평생 마음에 간직하고 되뇌어야 할 한 가지 주제가 정해졌다.

'죽음이 준비된 삶은 아름답다.'

나의 남은 삶으로 이것을 증명하려고 한다. 내 주변 사람들에게 아쉬움과 미련을 남기지 않는 아름다운 죽음을 맞이하고 싶다. 전에는 내가 젊은 날에 죽는다면 많은 이들이 내 장례식에 와서 슬퍼하고 비통해 하리라 상상하곤 했다. 하지만 더 이상 그런 자기연민에 빠지지 않으려 한다. 죽음의 고난 뒤에는 곧이어 부활의 기쁨이 있을 것이니 말이다. 사람들이 내 장례식에 와서 잔치 집에 온 것마냥 웃고 즐기다 갔으면 좋겠다. 내가 했던 농담들을 추억하며 먹고 즐기는 잔치가 되었으면 좋겠다. 그 시간에 나는 사람들이 알지 못하는 곳에서 예수님과 농담하면서 쉬고 있을지도 모르니 말이다.

내가 언제 죽을는지 나는 모른다. 일 년 후가 될지 혹은 오 년 후가 될지, 아니면 곧 죽을 것처럼 이렇게 잔뜩 힘을 줘 놓고는 민망하게 여든 살까지 삶게 될지 알 수 없다. 나는 삶을 드린다는 기도는 많이 들어 봤지만 죽음을 드린다는 고백은 듣지 못했다. 내 기도에 습관처럼 반복할 멘트 하나를 추가하기로 한다.

　'삶과 동시에 죽음을 드리겠다고. 나의 죽음이 철저히 하나님의 뜻에 있다고.'

고통받는 사회를 향하여

고통의 경험은 다른 사람의 고통을 이해할 수 있는 방편이 될 뿐 아니라 어쩌면 한 사회나 국가, 전 세계의 고통을 이해하고 바라볼 수 있는 좋은 방법이 될 수 있다.

이 사회가 나처럼 아프다. 아픈 사람이 많아 힘들어 하고 있다. 고통은 개인을 파괴할 뿐만 아니라 뒤에서 끊임없이 사람들을 조종함으로써 한 사회까지 망가뜨린다. 먼저 고통은 서로 의심하도록 부추긴다. 국가를 불신하게 만드는 것은 물론이요 가족 간의 정까지도 쉽게 파괴할 수 있다. 고통은 살인을 조장하기도 한다. 내가 죽지 않으려면 남을 죽여야 한다고 꼬드기고, '언제까지 손해만 보고 살 거냐'며 내 마음을 충동질한다. 고통은 그동안 내 안에 자리 잡는 윤리 기준을 먼저 허물 것을 명령한다. 조금이라도 고통에서 벗어날 수 있다면 몸과 양심을 팔더라도 죄가 아니라며 잘못된 행복을 주입하려고 한다.

고통은 한 사회 전체를 바보로 만들 수도 있다. 고통은 잘못된 이데올로기를 분별할 능력을 저하시켜 독재도 전쟁도 학살도 합리화하고 선이 되게 하는 어이없는 현상을 만들어 내기도 한다. 사회의 고통을 그 배후에서 활동하는 악한 영의 역사로 보고 영적으로 대응하려는 그리스도인들이 적지 않다. 기도의 중요성을 무시하려는 것은 아니나, 기도하고 그 이상 무엇을 해야 할지에 대해서는 망설인다. 고통은 매우 영적이면서도 실제적인데 말이다.

개인과 사회의 고통을 덜기 위해 그리스도인이 주로 택하는 방식은 재물이나 시간의 일부를 떼어 돕는 것이다. 좋은 일이지만 근본적인 해결책이 될 수는 없다. 게다가 개인적인 자선은 자칫 나도 모르게 내 의가 되어 내 자랑거리로 변질될 위험도 있다. 대천덕 신부님이 항상 강조했던 말이 있다. 공의가 선행되지 않는 자비는 소용없다고. 한 나라에 기독교인의 비율이 이렇게 높음에도 고통을 호소하는 이들이 이렇게 많다면, 하나님이 이 땅에 무관심한 것이 아니라 하나님이 명령한 법과 공의가 실천되지 않기 때문일 것이다.

"하나님이 내게 복을 주셔서 죄인이나 세리처럼 되지 않게 하시고, 나와 내 민족을 특별히 선택하셔서……." 이런 기도는 예수님이 말한 안 좋은 기도의 한 예에 속한다. 그런데 이처럼 분명하게 예를 들어 주셨음에도 오늘날 우리의 기도는 이와 비슷할 때가 많다. "하나님, 내게 특별한 복을 주셔서 장애인이나 노숙자, 유흥업 종사자가 되지 않게 해 주셔서 감사합니다. 또 좋은 학교와 좋은 직장, 멋진 예배당과 나눔을 허락해 주셔서……." 하나님이 복을 주셔서 부귀영화를 누리게 되었다는 간증에는 나는 노숙자나 유흥업 종사자, 범죄자와 다르다는 우월감이 은연중 숨어 있다. 크나큰 착각이다. 범죄자보다 내가 낫다는 착각, 유흥업 종사자나 성폭력범보다 내가 깨끗하다는 착각, 어느 누구보다 내가 잘 알고 다른 사람에 비해 뜻깊은 삶을 살고 있다는 착각. 이러한 착각이 쌓여서 내가 하나님의 복을 받은 줄 안다. 많은 복을 받은 내가 복을 받지 못한 사람들을 도와야 한다고, 사람들 앞에 서서 그렇게 말하고 싶어 한다.

하지만 내 눈에는 그들이 어리석은 자와 노숙인, 범죄자와 성매매 종사자이지만, 하나님 눈에는 나와 그들이 전혀 다를 바가 없다. 다른 게 있다면, 공평하지 않은 기회와 환경이 있었을 뿐이다. 하나님의 사랑에는 하나님의 법과 공의가 포함된다는 사실을 놓치는 이들이 많다. 세상의 법 테두리 안에서는 하나님의 사랑이 큰 힘을 발휘할 수 없다.

최근 한국 기독교에 대한 일반 대중의 신뢰도가 상당히 무너졌다. 공의가 없는 선행은 위선이 될 수 있음을 세상 사람들도 알고 있건만, 한국 주류 기독교는 여전히 복과 자선만을 강조하는 듯 보인다. 부와 가난이 더욱 격차를 벌이며 대물림되고 있고 공공의 가치마저 힘 있는 개인에 의해 휘둘리는 천박한 자본주의가 맹위를 떨치고 있건만, 정치가와 성직자, 공무원과 교직원 할 것 없이 누구 하나 이의를 제기하기는커녕 오히려 암묵적인 때로는 열렬한 지지를 보내고 있다. 남북 간의 전쟁과 이후의 오랜 대치 상황이 불러온 상처가 아닌가 싶기도 하다.

세상의 법을 아무런 의심 없이 받아들인 우리는 부동산 투기 같은 합법적인 도둑질에 대해서는 양심의 가책을 느끼지 못한다. 우리가 좀 더 주의를 기울여 법을 제정하는 이들을 감시하고 더 나은 길을 제시하는 시민 단체에 힘을 실어 줄 수 있다면 좋겠다. 우리의 기도와 우리 외부의 목소리가 합쳐진다면 정직하고 공정한 사회를 능히 만들어 갈 수 있다. 나는 이 소망을 버리지 않는다. 만일 지금 이 사회가 하나님이 원하는 모습이 아니라고 생각한다면 과연 하나님이 원하는 사회는 어떤 모습일지, 많은 이들이 함께 고민하고 귀 기울였으면 한다.

그리고 가난과 고통에 잠긴 이들, 분노와 외로움에 떠는 이들에게 말하고 싶다. "당신의 잘못이 아닙니다. 하나님의 법을 알지 못하고 실천하지 못한 우리 모두의 잘못입니다." 나의 남은 삶을 고통받는 사회를 향해 그동안 외면받아 온 공의를 외치는 데 쓰고 싶다.

3부

여기,
신앙

저는 계속 병원에 입원중입니다.

저와 저희 가정에 하나님의 은혜가 함께하길
기도 부탁드립니다.

회심

우연히 서초역을 지나는 길에 한창 공사 중인 한 대형 교회를 보았다. 건물이 참 이색적이고 아름다웠고, 새 건물에는 없는 게 없을 것 같아 보였다. 완공된 건물을 상상해 보았다. 넓은 예배당과 주차장, 깨끗하고 최신 시설을 갖춘 식당, 수많은 소모임을 소화할 만한 다양한 공간, 예배 참석자의 마음을 압도할 만한 웅장한 사운드까지……. '과연 저곳에 없는 것이 무엇일까?' 이런 생각과 동시에 떠오르는 단어가 '예수님!'이었다. '과연 없는 것이 없을 것 같은 저곳에 예수님도 함께하실까?'

물론 그곳에 예수님이 없다고 말할 수는 없다. 혹은 내가 속한 곳에만 예수님이 계시다는 끔찍한 우를 범하고 싶지도 않다. 다만 끊임없이 스스로 질문해야 한다고 생각한다. '교회와 예배의 본질은 무엇인가? 내가 속한 곳에, 내 안에 예수님이 편하게 거할 곳이 있을까? 건축을 하는 마음의 중심에 예배하는 우리의 편의만 있는 것은 아닐까? 내 이웃을 내 몸같이 사랑해야 할 교회의 본분을 놓치고 있는 것은 아닐까?'

예수님을 존경한 한 부자 청년이 영생의 길을 묻자, 예수님은 가진 재산을 팔아 가난한 사람들에게 나눠 주라고 한다. 부자 청년은 예수님의 제안을 바로 거절한다. 부자 청년에게는 포기하기에 너무도 많은 재산이 있었기 때문이다. 회심 즉 마음을 돌이키는 데 가장 장해가 되는 것은 회심으로 인해 포기해야 하는 기존의 '내 것' 혹은 '우리 것'이다.

대형 교회의 무리한 건축으로 인해 좋지 않은 영향이 매우 크다. 교회 밖에서 보는 교회 이미지의 추락은 물론이요 한국 교회 안에서도 많은 교인의 시험거리가 되고 있다. 그러나 모든 것을 돌이키기에는 이미 늦었다는 생각이 든다. 마음을 돌이키기 위해 포기해야 할 것이 너무 커져 버렸기 때문이다. 포기할 만한 것들이 너무 커져 버리면 회심과 멀어질 수밖에 없다는 것이 예수님이 하신 말씀의 중요한 교훈이다.

이십대 후반에 몸이 무척 좋지 않던 시절이 있었다. 직장

생활은커녕 가벼운 외출마저 어려울 때가 많았고, 1년 동안은 두세 달에 한 차례씩 정기적으로 입원해야 했고, 나머지 시간에는 집에만 있었다. 재산도, 건강도 무엇 하나 내게 남은 것이 없었다. 그 당시 하나님이 원하시면 무엇이든 포기하겠다는 기도를 여러 번 드렸다. 이미 가진 것이 거의 없었기 때문에 쉽게 포기할 수 있었다. 마지막으로 한 가지 남은 것이 있다면, 흔들리는 촛불처럼 미약하고 불안한 '삶' 그 자체였다.

입원이 여러 번 이어지자, 한 번 할 때마다 목돈이 드는 이 일을 더는 해서는 안 되겠다고 결심하기에 이르렀다. 병원에 입원해 있던 중 내게 마지막 남은 한 가지 그 '삶'을 포기하려는 순간, 그동안 알 수 없던 또 다른 평강이 나를 압도했다. "가난한 사람은 복이 있나니 하늘나라가 그들의 것"이라는 말씀은 포기할 것이 거의 없을 만큼 가난할수록 하나님께 나아가기 쉽다는 뜻이었다. '삶'에 미련을 두지 않을 만큼 모든 것을 포기했을 때 하나님 나라는 이미 나도 모르는 새에 가까이 와 있었다.

어느덧 건강을 되찾고, 보람 있는 직장을 다니게 되고, 일상적인 일들이 회복되고, 부족할 것 없는 삶을 살게 되면서 포기하면 아까운 것이 하나둘 생기기 시작한다. 나이가 들수록 포기할 수 없는 것이 늘어난다. 그것을 합리화하는 기술도 늘어난다. 포기하지 못할 만큼 큰 것을 내 것으로 두지 않겠다던 예전의 결심을 되돌아볼 때면 하나님께 죄송한 마음이 든다.

포기하지 못할 만한 것을 많이 만들지 않는 게 그리스도인의 삶이 아닐까 생각해 본다. 하나님이 내게 "그것은 내가 원하지 않는다"고 말씀하실 때 당장 포기할 수 있는 것 외에는 내 것으로 만들지 않는 것이 은혜이고 세상이 알 수 없는 그리스도인의 복이 아닐까.

부동산 불로 소득과 사교육이 국가 전체에 끼치는 악영향은 이루 말할 수 없다. 그것으로 인해 너무도 많은 이웃이 고통받고 있다. 특히 가난한 이웃의 고통은 말로 다할 수 없다. 부동산 불로 소득과 과도한 사교육 시장이 하나님이 원하는 것이 아님은 누구나 알 수 있다. 하지만 부동산 가격이 내려가거나 사교육 시장이 없어지면 가진 것을 잃어버릴 사람들 또한 매우 많다.

부동산 불로 소득을 일정 부분 환수하면 가진 재산의 가치가 현저히 떨어질 테고 집을 가진 사람들의 손해가 있을 수밖에 없다. 한국의 건축업과 사교육 시장은 무척 크고 거기에 종사하는 사람들 또한 매우 많다. 직장을 잃어버리지 않을까 하는 두려움, 재산의 가치가 떨어지면 노후를 어떻게 대비해야 하나 하는 두려움, 우리 아이들이 사교육에 의지하지 않으면 뒤처지지 않을까 하는 두려움이 없을 수 없다.

하지만 해결은 너무도 간단하다. 마음을 돌이키고 가진 것을 내려놓으면 된다. 하나님 나라는 회심의 열매다. 돌이키지 않고 포기하지 않으면 하나님 나라는 상상의 공간에만 존재할 뿐이다. 내려놓으면 많은 것이 보인다. 두려움으로 인해 보지 못했던 것들이 보이기 시작한다. 무엇보다 이웃들이 보이기 시작한다. 우리의 이웃들은 그리스도인들이 회심하기를 기대할 것이다. 하나님 나라는 그렇게 확장될 것이다.

기본 소득

모든 국민이 생계에 꼭 필요한 만큼 월급을 받는 세상이 있다면 어떨까?

재단이나 이사장의 눈치를 보지 않고 마음껏 정의로운 가치를 가르치고 싶은 교수에게도, 인체에 해로운 공장 생산 라인에서 온종일 같은 일에 시달리는 노동자에게도, 내가 세상에 필요한 존재가 아닐지도 모른다는 두려움에 빠진 청년 실업자에게도, 어떤 일이라도 하지 않으면 당장 생계가 곤란해 폐지를 주워다 파는 어르신에게도, 홍대 골목을 지나가는 사람들의 마음에 감동을 주는 길거리 공연 가수에게도, 담임 목사가 달가워하지 않는 진보적인 메시지를 설교하고 싶은 교육 목사에게도 남녀노소와 직업과 거

주지에 상관없이 모든 사람에게 일정한 돈을 똑같은 지급해 준다면 어떨까? 그런 세상은 축복일까, 저주일까?

근면하고 성실하기가 세계적으로도 유명한 한국 사람들은 이런 얘기를 들으면 의구심이 먼저 든다. '근로 의욕이 위축되진 않을까? 살아가는 데 필요한 최소한의 돈을 매달 조건 없이 받는다면 누가 일을 하려고 할까? 국부가 줄어들고 가난한 나라로 전락하는 건 아닐까? 애들 공짜 밥 줄 돈도 없는데 예산은 어떻게 마련하나? 너무 비현실적인 얘기 아닌가?'

우리나라 사람들은 어떤 환경과 조건에서도 인내하며 참 열심히 일한다. 그렇게 앞만 보고 주어진 일을 하다가 문득 삶을 돌아보니 언제부터인가 자기 자신이 온데간데없다. 이윤을 추구하는 기업이나 성공만을 위해 달려온 학교나 교회의 부속품에 불과했음을 알게 된 것이다. 하지만 안다고 해서 삶의 변화가 이뤄지지는 않는다. 내가 책임져야 할 가정이 있고, 갚아야 할 학자금과 부동산 담보 대출이 남아 있고, 지금 하고 있는 일조차 구하지 못해 절망하는 사람들이 수두룩한데 내 삶의 가치를 찾기 위해 일을 그만두는 것은 배부른 행동이고 철없는 짓이다.

자본주의를 굴러가게 하는 힘의 원천은 두려움이다. 생존에 대한 두려움, 미래에 대한 두려움, 소외에 대한 두려움. 그 두려움에서 벗어나는 길은 돈을 버는 것이다. 열심히 돈을 벌어 기본적인 삶의 욕구를 충족해야 하고, 아플 때 병원비 때문에 치료를 포기하지 말아야 하고, 어떻게 될지 모르는 불확실한 미래에 대한 두려움에서 지켜 줄 온갖 보험에 들어야 한다. 주위 사람들의 소비 문화를 비슷하게 따라가지 않으면 어른 아이 할 것 없이 언제든 동료 그룹에서 소외될 수 있다. 이런 두려움에서 벗어나기 위해 자신의 인생을 지불한다. 물론 내 꿈과 비전, 인간의 존엄과 행복 추구권이 돈 따위하고는 비교할 수 없는 중요한 가치인 것은 안다. 하지만 안다고 해서 바뀌는 것은 없다. 이미 구조화된 제도 아래서 개인이 할 수 있는 일은 거의 없다. 개인이 할 수 있는 일이라곤 남들보다 더 많은 재산을 남겨서 자기 자식만은 자신이 걸어온 길보다 덜 숨 막히는 길을 걷게 해 주는 것, 그 정도뿐이다.

하지만 생존에 필요한 돈을 제도로 보호받는다면 얘기가 달라진다. 원형탈모까지 낳는 극도의 스트레스를 받으며 더는 일하지도 않아도 된다는 마음의 여유가 생긴다. 내 인사권을 쥐고 있는 상사의 성희롱에 대항할 힘이 생기고, 짧은 기간에 큰돈을 벌 수 있다는 다단계의 유혹을 분별할 지혜가 생기고, 백혈병에 걸리더라도 직장이 대기업이면 좋아라 하던 우리의 모습을 반성할 수 있게 된다. 인체에 해로운 송전탑이 들어와도 조금의 돈만 주어지면 찬성했던 어르신들의 마음을 되돌려 이웃 간에 전쟁을 치르지 않아도 되고, 사실상 경제적 타살이나 마찬가지인 세계 1위의 자살 공화국을 벗어날 수 있다.

게다가 생존에 위협이 될 정도로 악착같이 일하는 환경이 국부에 도움이 된다는 주장은 생각해 볼 여지가 있다. 이미 선진국 반열에 진입한 우리나라의 경제에 필요한 것은 성실성보단 창조성이다. 창조는 실패를 두려워하지 않는 용기와 모험에서 나온다. 기본 소득이 오히려 창조적 활동을 부추겨 경제에 더 큰 득이 될 수 있다. 그리고 부자 한 명보다 가난한 사람 열 명이 훨씬 더 큰 소비를 한다. 국민에게 기본 생존을 위한 돈을 지급하는 일은 국가 전체의 경제 활동에 이득이 되면 됐지 결코 해가 되지 않는다.

기본 소득이 아무리 좋다 해도 재원이 없으면 아무 소용이 없다. 그 큰 비용을 어떻게 마련할 수 있을까? 그런데 우리가 놓치고 있는 우리의 돈, 사회적 기금이 있다. 토지 가치 비용이 그것이다. 토지 가치 혹은 위치적 가치는 개인이 만들어 내는 것이 아니라 우리가 낸 세금으로 도로를 깔고 전철을 놓고 녹지를 조성하여 만들어지는 것이다. 경북대학교 김윤상 교수의 말에 의하면, 이렇게 조성된 토지 가치(지대)만 가지고도 국민 일인당 매달 40만 원(2013년 기준)을 나눠 줄 수 있는 엄청난 세수가 확보된다고 한다.

또한 우리나라 대부분의 대기업들은 정부의 엄청난 지원으로 큰 이익을 챙길 수 있었다. 계속되는 FTA로 대기업들은 큰 이익을 보지만, 농민들은 계속 파산을 기다려야 한다. 정부 정책으로 형성된 사회적 가치는 많은 부분 세금으로 걷어 재분배하는 것이 정의롭다. 그 밖에도 통신용 주파수 같은 사회적 가치는 사회 구성원 모두의 것이다. 이러한 사회적 가치는 찾아보면 얼마든지 있다. 우리가 미처 생각을 못하고 있었을 뿐이다.

성경에는 일하지 않는 자는 먹지도 말라는 말이 있다. 데살로니가후서의 이 말씀은 기독교인이 어딜 가든 군소리 없이 무조건 열심히 일하는 것을 최고의 덕목으로 생각하게 만드는 근거로 쓰이기도 했다. 그런데 숭실대학교 김회권 교수의 말에 의하면, 이 구절에서 바울이 이야기하는 대상은 사도와 사역자라고 한다. 즉 사역자들의 자비량 선교를 권하는 말이지 기본 소득에 어긋나는 말씀이 아니라는 것이다.

근면과 성실보다 훨씬 더 중요한 덕목이 있다. 적어도 그리스도인은 하나님이 원하는 삶과 자본주의가 요구하는 삶이 충돌하는 지점에서 고민하지 않으면 안 된다. 부자가 천국에 가기란 낙타가 바늘귀를 통과하는 것보다 어려운 일이다. 개개인이 부를 향한 마음만 가득하다면, 모두가 행복하게 잘사는 낙원 같은 삶을 하나님이 결코 허락하지 않을 것이다.

당신이 가난하다면

요즘 뉴스에서 반복적으로 보도되는 몇 가지 이슈가 있다. 먼저 한 지역 도지사의 갑작스런 무상급식 중단 선언이다. 이에 해당 지역 교육감은 반발했고, 논란은 이념 논쟁으로 치달았다. 어린이집 보육비 지원도 도마에 올랐는데, 상대적으로 재원이 적은 지방부터 중단될 위기에 놓였다. 전세 대란 문제는 더욱 심각하다. 갑자기 뛰어오른 전세금에 그마저도 품귀 현상이 일어서 집 구하기가 어렵다. 한 달 쓰기도 빠듯한 소득인데 월세 부담까지 늘어 눈앞이 캄캄하다. 그 밖에도 여기저기서 복지 정책이 삐걱거리고 있다. 가난한 사람들의 비명 소리가 들려 온다. 무엇이 잘못된 걸까? 우리나라 형편에 복지 국가는 역시 무리였나?

여당은 애초에 과잉 복지가 문제였다고 성토한다. 정부도 경제 사정이 악화되어 당초 예상했던 세수가 걷히지 않았다며 대선 공약의 후퇴가 불가피하다고 한다. '경제 사정 악화'라는 허울 좋은 핑계에 수긍하는 사람들이 이외로 많은가 보다. 서민 경제가 아무리 박살 나도 좀처럼 지지율이 떨어지지 않는다. 저학력일수록, 소득 수준이 낮을수록, 도심에서 멀어질수록 지지율이 높게 나온다. 그래서 더 슬프다. 고학력자들의 이기심이나 지역 이기주의라면 화가 날 텐데, 가난한 사람들이 자기 이익과 반대되는 정치를 지지하고 있으니 안타깝고 아쉬울 뿐이다.

복지 정책의 핵심은 재원 마련이다. 재정이 부족한 상태에서 보편적 복지를 주장하면 오히려 대중의 반감을 살 수 있다. 일례로 무상급식 중단 후 해당 지역 도지사의 지지율이 오히려 상승했다는 기사가 보인다. 사람들은 복지 혜택이 늘어나는 것은 크게 바라지만 막상 복지를 위해 증세를 해야 한다면 격렬히 반대한다. 조금 덜 내고 혜택은 더 많이 받기를 바라는 마음을 탓할 수만은 없는 게 우리가 살고 있는 자본주의 사회다. 그렇다면 두 번째 고민의 지점으로 넘어가야 한다. 많은 재정이 드는 복지 정책을 포기할 수 없다면, 좋은 세금과 나쁜 세금을 구분할 필요가 있다.

과거 영국에서 창문의 수에 세금을 부과했던 적이 있었다. 그러자 창문 없는 건물이 등장하기 시작했다고 한다.

세금은 기본적으로 경제 활동을 위축시킨다. 소비에 세금을 매기면 소비가 위축되고, 공급에 세금을 매기면 공급이 위축된다. 그래서 더욱 신중해야 한다. 그런데 공급을 위축시키지 않는 세금이 있다면 어떨까? 바로 토지세다. 토지에 세금을 매긴다고 해서 토지가 줄어들지는 않기 때문이다. 예를 들어, 과수원에서 사과에 세금을 매기면 사과 재배를 꺼리게 되지만 땅에 세금을 매기면 생산이 오히려 증대된다.

자유방임주의의 대부라고 불리는 밀턴 프리드먼은 "모든 세금은 다 나쁘다"는 말로 유명하다. 그 밀턴 프리드먼도 가장 덜 나쁜 세금으로 토지세를 꼽았다. 우선 숨길 수 없기 때문에 소득 평가가 투명하고, 공급을 위축시키지 않으며, 세입자에게 전가되지 않고, 조세 부담이 공평하고, 징수 비용이 저렴하기 때문이다. 특정 도시에만 지가가 유난히 높은 한국의 특수성에 맞게 제정된 세금이 종합부동산세다. 가계 부동산 가격이 6억이 넘으면 지방 정부가 아닌 중앙 정부에서 국세를 걷어 지방의 어려운 사람들을 위한 지방 교부금으로 지출한다.

강남의 가치는 강남 사람이 만들어 낸 것이 아니다. 박정희 대통령 시절 정부 계획의 일환으로 논밭에 불과하던 강남 땅에 명문 고등학교를 강제 이주시켰고, 전철 2호선 노선은 애초의 계획을 변경하여 강남을 관통하게 했고, 경부

선 고속도로 건설 등의 영향으로 인해 헐값이던 압구정의 땅값이 현재와 같은 '넘사벽'이 되었다. 대부분의 토지 가치는 정부 정책이나 사회 공동의 노력에 의해 만들어지는 것이지 개인의 노력으로 되는 것이 아니다. 사회가 만들어 낸 가치의 일부를 도심에서 소외된 계층에 분배하는 것은 정의의 측면에서도 매우 정당하다.

게다가 토지에 세금을 매기면 토지 가격은 내려가게 되어 있다. 오늘날 한국의 땅값이 말도 안 되게 비싼 이유는 땅의 가치가 높아서가 아니라 토지세가 낮아서다. 토지에 세금을 매겨 토지나 주택 가격이 내려가면 인생의 노른자 같은 시간을 은행 대출을 갚는 데 허비해야 하는 비극은 사라질 수 있다.

그런데 99퍼센트가 세금을 낼 만큼 잘 정착된 종부세를 이명박 정부가 해체시키기 시작했다. 게다가 박근혜 정부에 와서는 온갖 부동산 규제를 해제하여 떨어져야 할 집값이 떨어지지 않는다. 집값이 더 떨어져야 전세에서 벗어나 주택 구입을 고민해 볼 수 있을 텐데, 떨어져야 할 집값이 건축 경기 부양이라는 미명하에 떨어지지 않고 있다. 게다가 종부세가 줄자 지방 교부금이 덩달아 확 줄어 지방 복지 재원 마련에 비상이 걸렸다. 여기저기서 가난한 사람들의 비명 소리가 들리기 시작한다.

가난한 사람들은 더 이상 어떤 영웅이 등장하여 어려운

경제 문제를 해결해 주기를 기다려서는 안 된다. 어떤 원인과 결과로 지금과 같은 상황이 되었는지 스스로 분별하여 더 이상 종부세와 같은 좋은 세금을 없애려는 정부를 지지하는 얼토당토않은 일에서 벗어나야 한다. 민주주의 사회에서 영웅은 슈퍼맨이 아니라 의식 있는 국민이다.

자본주의와 기독교

2009년, 한 여대생이 살해됐다. 놀랍게도 살해자는 친아버지였다. 딸이 등록금을 마련하기 위해 사채업자에게 빌린 3백만 원을 제때 갚지 못하자 사채업자는 그녀를 유흥업소에 강제로 취직시켰고, 이 사실을 알게 된 아버지는 사채업자와 협상을 시도했지만 거절당했다. 결국 아버지는 딸을 죽이고 자신도 스스로 목숨을 끊었다.

2013년에는 강릉에서 한 대학생이 자살했다. 그 학생은 유서 대신 학자금 대출 서류와 당첨되지 않은 복권 두 장을 남겼다. 그가 마지막으로 잡을 수 있는 구원의 끈은 복권 당첨이었다. 2014년에는 만성 질환이 있는 큰딸을 돌보던 어머니가 실직으로 생활이 어려워지자 "정말 죄송합니다"

라는 메모와 함께 밀린 집세 70만 원과 공과금이 담긴 봉투를 남기고 세 모녀가 자살하는 사건도 있었다.

어쩌다가 한 번 있는 일이 아니다. 2013년 한국에서만 한 해 약 1만5천 명이 스스로 목숨을 끊었다. 하루 40명, 30분마다 한 명이 자살한 셈이다. 자살은 십대부터 삼십대까지에서 사망 원인 1위를, 사십대와 오십대에서는 사망 원인 2위를 차지한다. 국민의 7퍼센트가 자살 충동을 느끼고 있고, 그 숫자는 계속 커지고 있다. OECD 가입국 중에서 자살률 1위는 항상 한국이 차지한다. 자살 동기로는 경제적인 이유가 압도적으로 많고, 그다음으로 가정 불화와 질병 순이다. 노인층의 자살은 특히 심각하다. 우리의 관심이 미치지 않는 곳에 끔찍한 절망을 벗어날 방법을 찾지 못해 극단적 선택을 하는 사람들이 너무나 많다.

자본주의! 보이지 않는 손, 즉 자유 시장 경제에 의해 소득과 분배가 결정되는 제도다. 자본주의 하면 성공, 번영, 풍요가 떠오른다. 특히 한때 가장 가난한 나라였던 한국은 세계에서 유례없는 성공을 거둔 만큼 자본주의의 덕을 톡톡히 봤다. 사람들은 노력하는 성실한 자에게 박수를 보냈고 누구라도 시도하고 추구하는 자는 빛을 볼 수 있는 제도라 생각했다. 하지만 한국의 자본주의는 도전하는 사람과 노력하는 사람에게 더 이상 열매를 주지 않는다.

어느 음식점이 입소문을 타면서 손님들이 모이기 시작

해 돈을 좀 벌겠다 싶으면 임대료가 급등하고 결국 노력에 기여하지 않은 건물주가 그 이득을 가져간다. 대기업들은 비정규직 고용과 하청업체 생산을 늘려 이득은 극대화하고 책임에서는 벗어나는 경영 방식을 계속 확대하고 있다. 우리나라 전체 산업의 90퍼센트를 차지하는 중소기업은 언제 도산할지 몰라 늘 긴장 속에 있어야 하고, 비정규직 근로자들은 재계약 기간이 다가올 때마다 극도의 스트레스로 몸과 마음이 상한다.

땅 부자와 재벌의 왕국, 독점과 세습의 나라. 성공에 대한 의지가 결국에는 상대적 박탈감으로 되돌아오는 나라가 되었다. 이제 많은 사람이 자본주의 하면 심각한 빈부격차, 과도한 물질주의와 욕망, 빚과 파산을 떠올린다. 재능 있는 청년들의 소중한 도전 정신이 수백 대 일의 경쟁률을 자랑하는 공무원 시험에 낭비되고 있다. 열심히 공부해서 대학을 졸업한 사회 초년생도, 모두가 인정할 만한 좋은 아이디어로 새로운 사업을 구상한 사업가도, 마냥 행복해야 할 예비 부부도, 이들을 기다리고 있는 것은 희망의 '빛'이 아니라 원망의 '빚'이다. 청년다운 삶은 빚 없이는 꿈꾸기 어려워졌고, 빚 문제는 개인이 감당할 수 있는 수준을 넘어섰다.

한국 교회 교인들은 어떤 기준으로 전공과 직업을 선택

하고, 어떤 기준으로 소비와 생활 방식을 결정하며, 어떤 기준으로 사랑하고 결혼할까? 한국 교회는 한국 자본주의의 문제점에 어떤 대응을 하고 어떤 메시지를 던지고 있을까? 안타깝게도 한국 교회 안에서 자본주의의 영향력은 교회 밖과 다르거나 덜하지 않다. 대다수 교인이 하나님이 창조한 이 세상을 살기보단 한국이 선택한 자본주의 세상을 산다는 말이 더 정확할 것이다.

『십일조의 비밀을 안 최고의 부자 록펠러』라는 책이 기독교인 사이에서 스테디셀러가 되었다. 록펠러 일화는 교회 강단에 자주 등장하는 단골손님이다. 이 단면만 봐도 교회 안에서마저 성공 기준이 성경적이기보단 지극히 자본주의적임을 알 수 있다. 헌신이란 미명하에 욕망을 부추겨 헌금을 많이 걷으려는 교회 측과 헌금을 많이 내야 복을 받을 것 같은 샤머니즘적인 개인 신앙이 맞닿아 한국 특유의 독특한 신앙 문화가 형성된 것이다. 전혀 복음적이지도 신앙적이지도 않은 자본주의적 발상이며 방법이다. 게다가 록펠러 가문은 수단과 방법을 가리지 않고 온갖 독점과 탈세, 뇌물 수수 등으로 경이적인 부자가 된 가문이다. 그런 가문이 한국 교인들의 모범이 된다니 교회의 망신이며 몰락을 자초하는 일이다.

'십일조를 철저히 하고, 새벽 기도에 나가고, 주일 예배에 빠지지 않았더니 우리 아이가 학교에서 1등을 하고, 회사에서 1등 사원이 되고, 동종 업계에서 1등 기업이 되었다'는 신화를 주변에서 어렵지 않게 들을 수 있다. 그런 신화는 영상으로 만들어져 교회 예배 시간에 모범 사례로 자주 등장하고 책으로 발간되어 기독교인들을 계속 현혹한다. 그런데 만일 1백 명의 기독교인이 하나같이 예배와 기도에 힘쓰며 경쟁하면 과연 누가 1등을 할까?

경쟁에서 이기는 것이 이 자본주의 사회에서 살아남는 길이 아니다. 1등이 되는 것도 아니다. 적어도 복음을 아는 우리는 실패자와 낙오자가 발생할 수밖에 없는 방법을 지향해서는 안 된다. 예수는 당대의 실패자와 낙오자, 손가락질 당하는 자, 저주받은 자와 늘 가까이 있었다. 예수는 사람을 그 신분이나 겉모습으로 대하지 않고, 그가 이제껏 살아온 삶과 절박함, 태도 등으로 그 사람을 인식했다. 예수와 친구가 될 마음이 있다면, 사람을 대하고 사랑을 실천하는 데 조건이 있을 수 없다.

아침부터 포도원에서 열심히 일한 일꾼이나 해 지기 한 시간 전에 겨우 일하기 시작한 일꾼이나 똑같이 한 데나리온을 받는다. 포도원 주인이 마음에 둔 것은 일꾼이 얼마나 일하고 얼마나 이익을 냈는지가 아니라 그 일꾼이 하루 품삯을 가지고 가지 않으면 굶주릴 수밖에 없는 한 가족의 삶이었다. 아흔아홉 마리의 양이 훨씬 더 가치 있을지라도 잃어버린 양 한 마리의 고통에 더 신경 쓰이는 것이 목자 예수의 마음이다. 예수의 가치 판단은 그 사람이 나에게 얼마만큼의 손익을 가져오는가가 아니라 그의 존재 자체다.

자기 힘으로는 고통과 저주의 굴레에서 벗어날 수 없는 사람들을 예수는 기꺼이 가까이했다. 저주와 비난의 손가락질은 실패자에게서 예수에게로 선회했고, 예수는 그 시대 가장 큰 저주의 상징인 십자가형을 받았다. 하늘 보좌를 움직이는 위대한 분이 나처럼 하찮은 인간과 가까이 지내기 위해 죽었다는 소식, 복음은 그 당시 세계의 전부였던 거대한 로마마저 흔든 충격적인 소식이었다. 그 복음을 의지한 사람들은 가난한 자와 실패한 자, 나그네와 함께 거하고 재산을 나누었다. 그래서 사도행전에 등장하는 초대 교회 공동체에는 가난한 자가 없었다.

하나님의 복은 내가 부자가 되는 것이 아니라 우리 중에 가난한 자가 없는 것이다. 우리는 가난한 사람, 실패한 사람과 친구가 되어야 하고, 우리의 가진 것을 가난한 자와 나누어야 한다. 그런데 그것만으로는 턱없이 부족하다. 그래서 제도에도 관심을 가져야 한다.

빈부 격차가 오히려 자본주의의 비효율을 가져온다. 부자 한 명의 소비보다 가난한 사람 열 명의 소비가 경제에 유익하다. 복지가 오히려 시장에 순기능을 가져온다. 이처럼 성장과 복지는 서로 갈등하는 개념이 아니다. 게다가 창의력은 실패를 두려워하지 않는 용기와 모험에서 나온다. 실패와 패배자를 위한 사회 안전망이 창의력 넘치는 사회를 만드는 데 크게 기여할 것이다.

하나님과 재물을 겸하여 섬길 수는 없다. 자본주의는 신앙이나 신념이 아니라 인간이 살아가는 데 적절한 도구이어야 한다. 복지가 발달한 북유럽 나라들은 의료, 교육, 주택 등 인간의 기본권이 보장된 곳이다. 목돈이 들어갈 이유가 없기에 불투명한 미래에 대한 두려움 때문에 혹은 자본주의 사회에서 살아남기 위해 악착같이 돈을 모을 이유가 없다. 그리고 많은 부분 토지 보유세에서 복지 재정을 충당하기에 사회의 성장과 분배 두 마리의 토끼를 다 잡을 수 있다.

현재 한국식 자본주의는 기독교인들이 무조건 받아들여야만 하는 제도가 아니다. 도전 정신을 장려하고 성실에 대한 보상을 아끼지 않는 자본주의의 장점을 얼마든지 수용하면서도 성경의 정신까지 살릴 수 있는 좋은 방법이 있다. 빈부 격차를 최소화하고 새로운 아이디어가 넘치는 사회 분위기가 제도로 가능하다. 멀리서 답을 찾지 말자. 답은 성경에 있다.

토지는 하나님의 것

태백의 예수원을 오르다 보면 입구에 "토지는 하나님의 것이라"는 문구가 크게 새겨진 비석을 볼 수 있다. 예수원을 방문하는 사람이면 반드시 마주칠 수밖에 없는 위치에 있다. 내가 처음 이 비석을 본 것은 예수원을 처음 방문한 2003년이다. 무리한 직장생활 후 회복할 수 없을 만큼 몸과 마음이 망가진 상태에서 몇 개월 휴식을 취하러 예수원을 찾았다. 예수원에 대한 아무런 지식이 없을 때였다. '토지는 하나님의 것!' 예수원이 내게 건넨 첫 인사였다.

'나는 땅도 없고 돈도 없고 건강도 없는데, 그런 나에게 뭘 어쩌라고…….' 예수원에 살게 되면서 더욱 궁금증이 생겼다. 한 해 만 명 가까운 손님이 예수원에 방문한다. 교통편도 불편한 이 먼 곳까지 힘들게 찾아왔다면 분명 인생의 어려운 고비를 넘기고 있는 이들이 많을 것이다. 그런데 쉼이 필요하고 하나님의 위로와 격려가 절실한 사람들을 향한 첫 마디가 왜 하필 '토지는 하나님의 것!'일까?

그 비석은 예수원의 설립자인 대천덕 신부님의 간곡한 바람으로 세워진 것이다. 신부님이 돌아가시기 얼마 전 병원에 계실 때 혹시 마지막으로 사람들에게 꼭 남기고 싶은 한마디가 무엇인지 여쭤봤더니 그때도 한결같이 "토지는 하나님의 것!"이었다. 그러면 그것을 위해서 우리가 무엇을 해야 할지 물었더니 비장함이 담긴 한마디를 남겼다. "지붕 위에서 외치시오!"

신부님은 수고하고 무거운 짐 진 자들에게 왜 이 한마디를 그토록 강조했을까? 개인의 문제가 벅차서 주위를 돌아볼 여유가 없는 사람들에게 왜 이 한마디만을 연거푸 강조한 것일까?

예수원 훈련생 중 '토지는 하나님의 것!'에 크게 관심을 보인 형제가 있었다. 훈련 기간 동안 그 형제의 과제는 알코올중독자인 아버지를 용서하는 것이었다. 알코올 의존이 심했던 아버지는 가족에게 자주 폭력을 행사했기에 그 형제는 어려서부터 끔찍한 공포에 노출된 채 자랐다. 유년 시절이 행복하지 않은 원인이 아버지에게 있다고 생각하며 자랐는데, 대천덕 신부님의 토지 강의를 듣고는 좀 더 근원적인 원인을 알게 되었다. 사업이 실패하고 재기하기 어려웠던 아버지는 실직 기간이 길어지면서 이미 황폐해진 마음을 술 말고는 달리 달랠 길이 없었다. 어쩌면 한국 사회의 전반적인 문제였을 텐데, 사회의 책임은 쏙 빼고 한 가정의 가장에게 모든 해결의 짐을 지라고 요구한 것은 너무 가혹한 처사였다. 사회 문제를 보기 시작하면서 아버지에 대한 이해와 용서가 시작되었다는 얘기를 듣고서 나도 사회 문제에 관심이 생기기 시작했다.

많은 사람들이 문제의 해결책을 찾을 때 좀 더 근원적인 원인을 보지 못할 때가 있다. 갈수록 심화되는 빈부 격차, 중독과 자살, 비정규직과 저출산, 전월세 대란과 가계 부채, 물질 만능주의와 학벌 만능주의 등 대부분의 사회 문제를 관통하는 하나의 단어가 있다. '토지'다. 토지 가치 분배의 불균형에서 대부분의 사회 문제가 시작되는 것이다. 어느 유명한 경제학자까지 갈 필요가 없다. 답은 성경에 나온다.

하나님의 말씀에 따라 결국 부자가 된 아브라함과 야곱과 욥에게서 성경적 경제관을 찾는 사람들이 많지만, 그들이 활동하던 때는 부족 국가 시대였다. 즉 나의 부가 곧 가족과 부족의 부가 되는 가족 중심의 사회였다. 나의 부가 자칫 다른 사람의 가난의 원인이 될 수도 있는 국가 단위의 사회에서 야곱의 축복만을 바라는 건 바람직하지 않다.

하나님은 부족보다 훨씬 큰 단위인 국가 공동체에 적합한 경제 모델을 제시하는데 이미 율법에 다 소개되어 있다. 경제와 관련된 많은 구절이 있지만 압축하고 압축하면 "너희 중에 가난한 자가 없게 하라"이다. 가난한 사람을 구제하는 일은 차선이고, 먼저는 가난을 유발하는 가능성을 차단해야 한다. 그 핵심이 바로 희년이다.

7일마다 안식일이 있고, 7년마다 안식년이 있다. 7년의 안식년이 일곱 번 지나고, 그 다음인 50년째 되는 해가 희년이다. 50년째 되는 해의 대속죄일에 전국에서 나팔을 불어 희년이 왔음을 알린다. 그러면 한시적으로 남의 집에서 임노동을 하던 사람은 풀려나고, 부채가 있던 사람은 모든 부채를 조건 없이 탕감받는다. 그리고 한시적으로 땅을 잃어버린 사람일지라도 희년이 되면 이스라엘이 처음 땅을 받았을 때처럼 지파와 가문별로 모두 땅을 재분배받는다. 자유의 몸이 되고 부채를 탕감받더라도 경제적 기반이 없으면 다시 노예가 될 수밖에 없기 때문이다. 그 결과 부와 가난이 대물림되지 않고 모든 백성이 50년마다 같은 출발선에서 다시 시작한다. 혹시 땅을 물려받지 못한 과부와 고아와 나그네가 있다면 온 국민이 힘써 보호해 주어야 했다.

세금으로 세 종류의 십일조가 있었다. 사회 기반 시설의 확충과 관리에 들어가는 공공 비용을 위한 십일조, 공공 업무를 담당하는 레위 지파의 사례금으로 지출되는 십일조,

마지막으로 3년마다 한 차례씩 가난한 사람들을 위한 복지 비용으로 지출되는 십일조가 그것이다. 계산해 보면 당시 이스라엘 백성은 수입의 23퍼센트를 세금으로 냈고, 그 비용은 국가를 유기적으로 운영하는 데 쓰였다.

당시 대부분의 다른 나라들이 왕과 귀족을 위한 경제 정책을 갖고 있던 반면, 이스라엘의 법은 오늘날 적용해도 파격이라 할 만큼 개혁적이었다. 이스라엘이 다른 민족과 구별된 특별한 민족인 것은 단순히 하나님의 선택을 받아서가 아니라 백성 모두가 인간다운 삶을 살고 어느 누구도 하나님의 특별한 보호하심에서 배제되지 않았기 때문이다.

'땅은 하나님의 것!' 우리는 잠시 이 땅에 머물다 가는 나그네로서 하나님의 것을 필요한 만큼 잠시 빌려 쓸 뿐이다. 필요한 만큼만 땅을 사용하면 어느 누구도 땅의 소출로부터 배제되지 않을 정도로 땅은 충분하다. 하나님은 세상을 어설프게 창조하시지 않았기 때문이다. 필요 이상으로 가지려는 마음 때문에 땅은 항상 비좁아 보이는 것이고, 비좁은 땅을 차지하기 위해 착취가 벌어지는 것이다.

사람에게 있어서 땅의 필요는 절대적이다. 농경 시대에도 상업 시대에도 마찬가지다. 땅은 크기가 한정되어 있기 때문에 늘 독점의 위험에 노출된다. 모든 문제가 바로 이 지점에서 발생한다. 이 독점의 요소를 없애기 위해 성경이

쓰여진 농경 시대에는 비옥도와 크기에 따라 토지를 재분배하면 되었지만, 땅의 위치로 가치가 결정되는 현대 사회에서는 좀 다르다.

희년이 과연 현대 사회에도 필요할까? 적용 가능할까? 희년은 현대에 더욱 필요하고, 적용의 효과는 과거보다 더 크면 컸지 결코 작지 않다.

우상 숭배

얼마 전 IS(이슬람 극단주의 무장 세력)가 유네스코 지정 세계
문화유산을 파괴하는 영상이 공개되었다. 그들은 해머뿐
아니라 불도저 같은 중장비를 동원해 조각상을 철저히 파
괴했다고 한다. 그들 중 한 대원이 이렇게 말했다. "알라가
아닌 이런 조각상을 숭배하는 것은 우상 숭배이므로 이 유
적을 파괴하는 것이 옳다." 이를 지켜본 전 세계 사람들은
경악했다.

불현듯 이런 생각이 들었다. 만일 저들이 기독교인이라
면? 어떤 기독 단체가 우상을 철저히 제거하는 게 성경의
명령이라며 석굴암 불상을 해머로 내려치고 다보탑과 석
가탑을 불도저로 밀어 버린다면? 우리는 선뜻 동의할 수

있을까?

실제로 우리나라에 그런 사람들이 있다. 말씀대로 살아야 한다며 학교에 있는 단군상의 목을 자르고, 사찰에 불을 지르고, 국가가 지정한 보물에 붉은 페인트칠을 한다. 서아시아의 유명한 이슬람 사원에 가서 찬송가를 부르며 대적기도를 하는가 하면, 지하철에서 가만히 앉아 있는 스님에게 "지옥 가지 말고 회개하라"는 어느 아주머니의 악담은 인터넷에 화제가 되기도 했다. 이런 일은 우리가 생각하는 것보다 자주 반복해서 일어난다.

구약 성경은 분명 우상 숭배를 경계한다. 예언자의 말을 듣고 하나님의 길을 따르고자 결심한 이스라엘 왕들은 하나같이 바알 제단을 헐고 아세라 목상을 찍어 버렸다. 하지만 다양한 생각과 가치가 공존하는 21세기에 2천 년이 훨씬 넘은 시절의 일을 문자 그대로 적용하고 행동하면 큰일난다. 게다가 성경에서 말하는 우상이 단순히 다른 종교를 말하는 게 아닐 수도 있다. 성경에서 말하는 우상 숭배가 무엇을 의미하는지 당시의 배경과 현재의 상황을 따져 살펴야 한다.

구약에서 가장 많이 언급되는 우상은 당시 가나안 사람들이 신앙했던 바알이다. 아세라는 바알의 어머니이다. 바알은 풍요와 다산을 상징하는 농경의 신으로, 바알 신앙은 대토지 사유화와 지극히 자극적인 제사가 그 특징이었다.

바알을 숭배하면 한 사람이 토지를 광범위하게 차지해도 무방했기에, 토지 부자는 계속해서 부를 쌓으면서 소유를 확장해 갔고 소작농들은 감히 신분 상승에 도전하지 못했다. 바알의 제사 의식으로는 신전에서 남녀가 성행위를 하기도 했고 극에 달해서는 살아 있는 아이를 불에 던져 제물로 바치기도 했다고 한다.

이스라엘의 하나님은 그러한 바알 신앙을 매우 역겨워했고 따라서 율법은 그러한 문화를 철저히 금지한다. 가나안 땅에 들어간 이스라엘 백성은 공적 업무를 담당한 레위지파를 제외하고는 지파와 가문에 따라 모두 땅을 분배받았다. 어쩔 수 없는 사정이나 형편 때문에 땅을 파는 경우도 있었지만, 50년마다 돌아오는 희년에는 계약이 만료되어 원주인에게 땅을 돌려주어야 했다. 노예가 되었거나 빚을 졌어도 희년에는 노예 계약이 말소되고 빚은 탕감된다. 부와 가난이 대물림되는 것을 철저히 막으려는 율법의 의도이다. 혹시 땅을 물려받지 못한 고아나 과부, 나그네가 있으면 온 나라가 힘을 다해 보호해 주어야 했다. 예언자들은 그 사실을 거듭해서 강조했다. 율법 아래에서 절대 권력은 용납되지 않았고, 왕이라고 해도 율법의 통치를 받아야 했다.

예언자들이 왕성하게 활동하던 시절에 예배가 없었던 것은 아니다. 여호와의 제단에 드리는 제사와 예배는 하루도 끊긴 적이 없었으니 분명 하나님의 이름을 높이고 경배했다. 그런데도 예언자들은 우상 숭배를 경고하는 무시무시한 메시지를 왕에게 퍼부었다. 왕들이 여호와의 간판만 걸어 놓았을 뿐 실상 바알 신앙의 제도와 문화를 따르고 있었기 때문이다.

오늘날 한국 교회도 마찬가지이다. 다수의 교회가 예배를 그토록 강조하면서도 소수의 사람들이 부동산을 독점해서 큰 노력 없이 천문학적 불로 소득을 챙기는 현실에는 관대하다. 치솟는 전월세로 많은 서민들이 살기가 점점 더 어려워지는 상황에 침묵하는 것도 모자라, 부동산 부자들의 세금을 감면해 주고 재산을 마음껏 확장하도록 돕는 정부의 정책에는 지지를 보낸다. 소외되고 핍박받는 이웃을 돌아보기보단 감성적이고 자극적인 예배에 더 관심을 기울인다.

우상 숭배는 교회 밖에서 찾을 게 아니라 교회 안에서 찾아야 한다. 나와 종교가 다르고 관습과 문화가 다른 게 우상이 아니라, 내 감정만 중요하게 생각하고 이웃에게는 무관심한 우리의 모습이 바로 우상이다.

어느 누구도 하나님을 볼 수 없지만

예전에 기독교방송에서 '붉은 악마'의 호칭 변경을 호소하는 광고 캠페인을 본 적 있다. '악마'라는 호칭을 사용했기 때문에 하나님이 2002년에 루사라는 엄청난 태풍을 보내 재앙을 내리신 것이라는 내용을 보고 참으로 화가 많이 났었다. 21세기의 대규모 태풍은 지구 온난화에 따른 이상 기후가 만들어 낸 것으로, 다음 세대를 생각하지 않는 이 시대의 탐욕의 결과일 뿐이다.

그 영상은 '악마'의 티를 입고 축구 경기를 즐기는 도시 사람들에게 화가 난 하나님이 태풍에 대한 대처가 미흡한 시골 사람들을 대신 징계한 끔찍하고 이상한 분으로 만들어 버린 것이다. 태풍으로 집과 가족을 잃은 사람들이 그

영상을 보고 자신들이 당한 참혹한 재앙이 하나님의 저주였다는 이야기를 듣는다면 과연 어떤 생각이 들까?

신앙인들이 그 캠페인의 의도를 순수하게 받아들인 나머지 병든 지구를 치료하기 위해 '붉은 악마'의 호칭 변경에 열을 올리고 기도하는 일이 없었으면 한다. 지구의 치유를 원한다면 차라리 지구 온난화 현상의 주범이면서도 교토 의정서에 따른 기후 변화 협약에서 탈퇴한 미국이 정신 차리도록 기도하는 게 옳다. 악마는 우리 안에 있는 탐욕의 다른 이름일 뿐 단순한 호칭에 있다고 생각하면 안 된다.

어느 누구도 하나님을 볼 수 없고 만질 수 없다. 어떤 현상이나 상징 안에 하나님을 가둘 수도 없다. 어떤 것도 하나님을 온전히 표현할 수 없다. 그래서 하나님은 그분의 형상을 만들지 말라고 누차 강조하신 것이다. 하나님의 속성을 온전히 표현할 수 없는 상징물이 하나님을 잘못 전달할 위험이 크기 때문이다. 별것 아닌 상징이 우상이 될 수 있기 때문이다.

하지만 사람은 이러한 하나님의 뜻을 이해하기엔 부족한가 보다. 보이지 않는 하나님인데 보이는 하나님을 찾는다. 만져지지 않는 하나님인데 만지길 원하고, 성대의 떨림으로 들을 수 없는 하나님의 음성을 직접 들으려고 애쓴다. 인간의 감각으로 느낄 수 있는 범위 안에 하나님이 들어와야 안전하다고 느낀다. 급기야 자신의 오감 안에 하나님의 신호가 잡히지 않으면 하나님이 없다고 생각한다. 감각의 우상화다.

황금 송아지를 만들어 "하나님이 여기 있다"고 소리치자 이스라엘 백성이 환호하며 좋아했듯이, 오늘날 하나님을 따른다는 사람들도 눈에 보이는 하나님을 만드느라 분주하다. 하나님을 만날 수 있다는 집회에 쫓아다니고, 말 잘하는 목사를 찾아다닌다. 은사가 넘치는 집회라면 사회적 상식을 무시해도 상관없고, 말 잘하는 목사라면 과거에 성추행을 했더라도 괜찮다. 위험천만한 곳에서 오히려 심리적 안정을 느낀다.

십자가는 나무일 뿐이고, 성경책은 종이일 뿐이고, 교회당은 건물일 뿐이다. 목사도 우리와 똑같이 목자 예수를 따르는 양일 뿐이다. 성경에 담긴 예수의 명령은 따르지 않으면서도 성경책을 찢는 퍼포먼스에는 분개한다. 조금이라도 손해를 보면 견디지 못하면서도 십자가 찬양이 나오면 눈물을 흘린다. 가난한 상인들에게 살인적인 임대료를 받아서 거액의 교회 헌금을 내는 부동산 부자는 목사의 축복을 받는다. 목사의 설교는 성경의 정신과 거리가 멀어도 비판을 받지 않는다.

하나님은 보이는 것으로 증명되지 않는다. 하나님은 우리와 이웃과의 관계에서, 평화와 사랑 가운데서 확인된다. 가족 안에서 사랑, 사회 안에서 어우러짐, 나라 안에서 평화! 우리 곁에 있는 가장 어려운 이웃에게 하는 행동이 하나님을 섬기는 잣대가 된다. 우리 하나님은 우리가 예상하지 못하는 그곳에 있다.

"하나님을 보여 달라", "하나님을 느끼게 해 달라", "우리에게 강력한 왕, 유능한 지도자를 세워 달라." 이스라엘 백성이 보였던 실패의 역사를 오늘날 우리도 그대로 답습하고 있다. 사람들의 연약함을 인정한 하나님이 급기야 자신을 보여 주기로 한다. 변방의 가난한 동네에서 태어나, 볼품없는 외모에, 변변치 못한 출신과 직업에, 결국 사람들로부터 모욕과 수치를 당하고 힘없이 죽는 자신의 모습을……. 예수의 모습이다.

동성애와 죄

성경에서 죄로 분류된 것 중에는 당시 시대 배경을 이해하고 받아들여야 하는 것이 많다. 돼지고기를 비롯한 오늘날 우리가 즐겨 먹는 많은 음식을 금한 것이라든지, 교회에서 여자는 잠잠해야 한다는 바울의 발언이라든지 오늘의 기준으로 보기에 이상한 여러 가지 것이 죄로 규정되어 있기 때문이다.

반대로 지금은 죄로 볼 만한 것들이 당시에는 별일 아닌 관습이던 경우도 있다. 노예를 자유롭게 소유하고 거래한다든지, 형이 자녀 없이 죽으면 동생이 형수의 아이를 낳아주는 계대 결혼이라든지 현대에 들어서는 죄처럼 보이는 것들이 당시에는 아무렇지 않게 행해졌던 예도 찾아보면 무수히 많다. 성경은 당시의 시대 배경을 이해하며 읽고 받아들여야 하고, 성경 외의 지식이 있어야 예수의 정신을 더욱 제대로 이해할 수 있다.

최근 연구에 따르면, 신약에서 남색을 강하게 비판한 것은 그 시대에 어린 소년을 상대로 한 귀족들의 성관계가 유행했기 때문이라고 한다. 권력 관계에 의한 성관계는 상대가 남자이든 여자이든 관계없이 심각한 죄다. 단순히 사랑하는 상대가 동성이라는 것보다 훨씬 큰 죄인 것이다. 부와 권력의 비대칭으로 방치되고 있는 학교와 직장 내 성희롱, 교회 안에서 전권을 가진 담임목사의 성추행, 단란주점을 비롯한 변종 성매매 업소들의 번창 등 우리 사회에는 우리가 상상하는 것보다 훨씬 심각한 일들이 벌어지고 있다. 경중을 따지면 훨씬 큰 죄이건만 동성애에 격하게 흥분하는 사람들이 왜 이런 일에는 힘을 모아 목소리를 내지 않는지 모르겠다.

그 밖에도 사회적 약자에게 피해를 줄 수 있는 악한 죄가 더 있다. 땅 투기와 고리대금업은 동성애와 비교할 수 없을 정도로 성경에서 수없이 강조되는 죄다. 지금도 많은 가난한 사람에게 피해를 주고 있기 때문에 여전히 유효하다. 그런데도 보수 기독교인들은 땅을 많이 가진 사람들에게 더 유리한 법을 만드는 정당을 지지한다. 일관성도 없고 앞뒤가 맞지도 않는다.

왜 그럴까? 왜 성경에서 죄로 규정한 수많은 것 중 유독 동성애에만 민감하게 구는 걸까? 거짓과 위선, 가난한 자를 돌보지 않은 부자의 무관심 등 예수가 수없이 강조한 죄가 많은데 왜 예수가 말하지 않은 동성애에만 목을 매는 걸까? 그것은 어쩌면 다른 무엇보다 내가 그 부분에 전혀 걸릴 게 없기 때문은 아닐까? 그 죄목 하나로 나는 깨끗하다고 말하고 싶어서는 아닐까?

예수 당시에도 그랬다. 수많은 죄 가운데 당시 유대인들이 큰 죄로 여겼던 것은 성매매 여성의 죄였다. 너 때문에 우리 마을이 저주를 받았다며 힘이 약한 여성에게 사회 부조리의 책임을 전가하여 돌로 쳐 죽이려고 했다. 예수는 그 유대인들의 간악함을 간파하고 "너희 중에 죄 없는 자가 먼저 돌로 치라"고 한다.

예수 시대뿐 아니라 모든 시대마다 그랬다. 중세 시대에도 자기 목소리를 내기 힘들었던 힘없는 여성에게 신앙의 이름으로 모든 사회 문제의 책임을 전가했다. 그 결과 마녀사냥으로 수십만의 여성들이 아무 죄 없이 처형당했다. 종교 세력과 사회 권력자들, 그리고 책임을 피하고 싶었던 무지몽매한 시민들의 신앙이 결탁하여 만들어 낸 비극이 아닐 수 없다.

동성애 축제 때문에 하나님이 우리나라에 메르스를 퍼뜨렸다는 카톡 메시지가 신앙인들 사이에 퍼지고 있나 보다. 이번 메르스 사태의 가장 큰 책임은 지도자들의 무능한 대처에 있다. 지극히 보수적인 한국인의 정서 때문에 자기 목소리를 내기 힘든 동성애자들에게 메르스 사태의 책임을 전가하는 건 중세 시대의 마녀 사냥과 크게 다르지 않다.

대다수의 정신과 의사들은 동성애가 병이나 치료의 대상이 아니라고 한다. 미국의 한 저명한 정신과 전문의가 동성애는 치료 가능하다고 발표했다가 10년 후 자신이 입증되지도 않은 주장을 폈다며 사과하는 소동이 있었다. 그런데 전문가도 아니고 그들과 친구가 되었던 경험조차 없는 우리가 동성애에 대해 얼마나 알까? 성경에서 죄라고 했다는 몇 개의 구절을 근거로 (시대적, 문화적 배경을 무시하고) 그들을 판단하는 것이 옳은 일일까? 동성애에 대해 아는 게 거의 없다고 말하는 편이 솔직한 우리의 입장이지 않을까?

우리가 상상하는 것보다 훨씬 많은 수의 동성애자들이 자살을 선택하고 있다. 동성애자들 중 66퍼센트가 자살 충동을 느끼고 있고, 4분이 1이 자살을 시도한 경험이 있다고 한다. 주위에서 그것은 큰 죄이고 고칠 수 있다고 강요하는 분위기가 거셀수록 더더욱 자살을 선택할 가능성이 높다고 한다. 자신이 받는 심리적 압박이 크고 주변 정서와의 괴리를 좁힐 수 없다고 판단될 때 신을 원망하고 자살을 선택하는 것이다.

예수라면 어떻게 하실까? 많은 사람들이 친구가 되기를 꺼리는 그들에게 다가가 기꺼이 친구가 되어 주고 상담자가 되어 주지 않을까? 동성애자 친구 하나 없는 우리가 오히려 반성해야 하지 않을까? 세상에 털어놓기 힘든 무거운 짐을 기독교인들이 더더욱 무겁게 하고 있다는 사실이 가슴 아플 뿐이다.

4부

보다,
쓰다

어디로 이끄실지 잘 모르지만.

많은 분들이 기도해 주시고 있다는 소식을 들으면
한편 안심이 됩니다.

꽃들에게 희망을, 아이들에게 사랑을

꼭대기에는 무엇이 있을까. 보이지 않는다. 수많은 애벌레들이 꼭대기를 향해 서로를 밟고 올라가고 있을 뿐. 꼭대기에는 그동안 해결되지 않은 모든 질문의 답이 있을 것 같다. 무엇보다 행복이 있을 것 같다. 그렇지 않다면 이렇게 많은 애벌레들이 그곳을 향해 미친 듯이 올라갈 이유가 없다. 구름으로 가려져 보이지 않는 저 꼭대기가 천국이라면, 서로 뒤엉켜 밟고 올라가야 하는 이곳은 지옥이다. 천국에 가려면 반드시 지옥을 통과해야 하는가 보다. 많은 애벌레들은 그렇게 생각했다.

　요즘 우리나라 학생들을 보면 『꽃들에게 희망을』에 나오는 애벌레를 떠올리게 된다. 성공이라는 뜬구름에 가려져 그 위에 무엇이 있는지 정확히 보이지 않지만, 모든 학생이 꼭대기를 향해 서로를 밟고 올라가고 있다. '우리는 왜 올라가고 있지? 왜 성공해야 하고, 무엇이 성공이지?' 그 누구도 뚜렷한 답을 내놓지 않지만, 대부분의 어른들은 똑같은 말을 한다. "너희가 올라가 보면, 나이 들면 저절로 알게 돼." 다들 꼭대기에 무엇이 있는지 알지 못한 채 올라가기만 하는 자신의 모습에 답답해하면서도 모두가 하는데 자기 혼자 오르기를 포기할 수 없어 어쨌든 올라간다.

예전에 어느 아이에게 과외를 가르쳤던 한 친구의 이야기를 들었다. 식사 시간을 9분에서 1분 더 줄이자는 엄마의 압박에 아이는 더 이상 그렇게 살고 싶지 않다고 하소연했다. 그러자 친구는 무슨 일이 있어도 죽고 싶다는 생각은 절대 하지 말라고 타일렀다. 그런데 이어진 학생의 말이 충격적이다. "선생님! 저는 죽고 싶은 게 아니라 쉬고 싶은 거예요."

최근 〈스카이 캐슬〉이라는 드라마가 인기를 끈 요인 중 하나는 우리나라의 교육 현실을 적나라하게 보여 주었기 때문일 것이다. '스카이 캐슬'이라는 제목이 시사하듯, 아무나 오를 수 없는 하늘만큼 높은 꼭대기 성에 모두가 부러워할 만한 그들만의 세상이 있다. 아무나 넘볼 수 없는 직업에, 아무나 지닐 수 없는 명품에, 아무나 받을 수 없는 교육까지. 자부심이 가득한 이 캐슬의 주민들은 자기들의 기준에서 세상 누구보다 행복한 사람들이다. 하지만 그 이면을 들여다보면, 그런 교육을 강요한 부모를 저주하는 아이, 합격하지도 않은 하버드 대학교를 다닌다고 1년 동안이나 주변에 거짓말을 일삼은 아이, 공부와 자기 자신밖에 몰라 주위에서 아무도 좋아하지 않는 아이가 있다. 공부만 강요받는 캐슬의 아이들은 행복하지 않다. 이는 드라마에나 나오는 소재가 아니다. 자살은 매우 오랫동안 우리나라 청소년의 사망 원인 1위를 차지하고 있고, 한국 청소년의 행복지수는 OECD 국가 중 늘 꼴찌였다.

올림픽에서 우리를 가장 열광시키는 건 금메달이다. 모든 스포츠 선수와 코치의 목표는 금메달이고, 무엇보다 모든 언론 매체가 금메달에 초점이 맞춰져 있다. 금메달을 딴 선수에게는 큰 혜택이 돌아가는 반면, 그 한 가지 목표를 위해 달려왔지만 끝내 금메달을 목에 걸지 못한 많은 선수들은 앞으로의 삶이 막막해진다.

그렇다고 전 세계에서 1등만 받을 수 있는 금메달을 딴 선수는 행복할까? 어느 누구보다 많은 메달을 받은 최고의 선수가 어려서부터 보이지 않은 데서 폭행을 당하며 훈련을 받아 왔다는 보도에 많은 사람들이 충격을 받았다. 1등이라는 목표를 위해서는 그 어떤 일도 참아야 한다는 관행이 스포츠계에 오랫동안 자리 잡고 있었던 것이다. 하지만 금메달이 피해자의 삶을 보상해 주지는 못했다.

〈무한도전〉이라는 예능 프로그램에서 복싱 특집을 한 적이 있다. 멤버들이 위기에 놓인 비인기 종목의 매니저가 되어 보는 내용이었는데, 종목이 여자 복싱이었다. 새터민 출신의 선수를 돕고자 마련된 순서였지만, 시합 상대인 일본 출신의 선수 또한 만만치 않게 안타까운 사정을 갖고 있었다. 결국 방송에서는 누가 이겼는지 보여 주지 않았다. 그 점이 인상 깊고 좋았다. 그날의 방송이 아름다웠던 건 시합의 승패보다는 시합을 준비하는 사연과 과정, 그리고 한계를 극복하려는 그녀들의 도전 때문이었다.

잘못된 관행과 아이들의 불행. 무엇이 문제였을까? 애초에 목적이 잘못되었다. 목적과 수단이 바뀌었으니 불행의 늪에서 헤어 나올 수 없는 것이다. 의사, 교수, 정치인, 운동선수는 목적을 이루기 위한 수단이지 그 자체가 목적이 되어서는 안 된다. 적어도 그리스도인이라면 다르게 생각해야 한다. 목적은 언제나 그렇듯 관계에 있다. 자기가 치료하지 않으면 안 되는 절박한 환자들과의 관계, 지식에 목마른 학생들과의 관계, 당장 복지 정책이 바뀌지 않으면 지독한 가난의 늪에서 헤어 나올 수 없는 서민들과의 관계, 각박한 세상에서 포기하지 않고 도전하는 자신을 보면서 위로 받을 시청자와 관객들과의 관계. 교육 또한 늘 높은 등수와 좋은 대학에만 초점이 맞춰져 있으면 아이들은 탈출

구가 없다. 삶의 목적은 좋은 직업과 1등이 아니라 나와 주
변과 사회와의 관계에 있다.

세상이 지향하는 '스카이 캐슬'과 예수가 제시한 '하나
님 나라'는 분명 다르다. 아니 지향점이 정반대다. 세상은
사람들이 나를 함부로 대할 수 없고 많은 이들이 동경할 만
큼 높은 위치에 있는 것을 성공이라 말하지만, 예수는 더
낮은 곳으로 내려가 희망이 보이지 않는 사람과 관계를 맺
고 그들의 희망(구원)이 되어 주는 것을 하나님 나라, 천국
이라고 말한다. 메시아를 기다리던 많은 사람들은 세상을
다스리고 지배할 왕을 기대했지만, 결국 이 땅에 오신 메시
아는 보잘것없는 출신에 하찮은 직업을 가졌고 세상이 손
가락질하는 사람들과 어울리며 그들의 죄를 대신 덤터기
쓰고 죽었다. 어찌 보면 그 어떤 드라마보다 충격적인 결말
이다. 하지만 그 죽음에 영향을 받아 삶의 가치관이 바뀐
사람들이 폭발적으로 늘어났고, 결국 당시 세상을 지배하
던 로마를 뿌리부터 뒤흔들었다.

'너의 존재 이유는 1등이 되는 것'이라고 말한다면, 그것
은 아이들을 평생 두려움에서 헤어 나오지 못하게 속박해
버리는 폭력이다. 아이를 불행하게 만들어 버리는 이 같은
목적은 어른들부터 하루빨리 버리지 않으면 안 된다. 지금
우리 아이들에게 필요한 것은 늘 그렇듯이 1등이 아니라

사랑이다. 삶의 목적을 찾아 끝없이 방황하던 애벌레가 결국 찾은 삶의 목적은 사랑이었다. 다른 애벌레와 사랑을 하고, 나비가 되고, 아름다운 꽃들에게 필요한 사랑의 매개체가 됨으로써 꽃들에게 희망이 되었다. 꽃들에게 희망이 된 나비처럼, 지금 아이들에게 필요한 것은 있는 모습 그대로 인정하고 품어 주는 어른들의 사랑일 것이다.

나의 아저씨, 우리의 아저씨

같은 곳을 봐도 보는 사람에 따라 그 아름다움이 달라질 수 있다. 어떻게 보느냐에 따라 세상은 희망과 기대로 가득 찬 아름다운 곳일 수 있고, 더럽고 추악한 것으로 가득 찬 절망적인 곳일 수도 있다.

절망적인 세상에도 구원의 메시지는 곳곳에 숨겨져 있다. 아니, 어쩌면 감춰져 있는 것이 아니라 오히려 잘 드러나 있다. 사랑하는 가족과의 관계에도 나를 힘들게 하는 직장 상사와의 관계에도, 잘 가꾼 화분에도 쓰레기 가득한 분리수거장에도 구원의 꽃은 피어 있다.

드라마나 영화를 통해서도 가끔 기독교적 메시지를 발견할 때가 있다. 방영된 지 좀 되었지만 최근에 우연히 본

드라마 한 편에서 구원의 메시지를 발견했다. 〈나의 아저씨〉 작가가 기독교적 메시지를 염두에 두고 대본을 쓴 것 같진 않지만, 드라마 곳곳에 드러나 있는 구원의 메시지에 큰 감동을 받았다. 개인적으로 생각을 정리하고픈 마음과 그 내용을 나누고 싶은 마음이 있어 등장인물을 중심으로 이야기를 정리해 본다.

성공한 인생, 실패한 인생

삼 형제 중 첫째 상훈의 삶의 목표는 부모님 장례식 때 엄청난 수의 화환을 받고 앉을자리가 없을 정도로 조문객이 오는 것이다. 경조사 때 얼마나 사람들이 많이 오는가로 성공의 기준을 정한 것이다. 하지만 실상 그가 처한 현실은 신용 불량자로 채권자를 피해 도망 다니고 이혼 당할 위기에 직면해 있다. 그래도 건물 청소를 하며 성실히 돈을 모으고 있었는데, 갑자기 무슨 바람이 들었는지 결국 상훈은 그 돈을 친구나 친척 하나 없는 지안의 할머니 장례식을 좀 더 화려하게 꾸며 주는 데 쓴다. 의지할 데 없는 지안을 위해 쓴 돈이 자기 인생에서 가장 뜻깊고 뿌듯한 소비라고 생각하면서.

경조사 때 무조건 많은 사람이 오는 가짜 관계보다는 단한 사람이라도 진심으로 깊은 위로를 전하는 진짜 관계를 맺는 것으로, 아무 조건 없이 진심으로 기쁘게 베푸는 것으로 상훈의 성공 기준이 바뀐 것이다.

망해도 괜찮은 거구나! 망가져도 행복할 수 있구나!

배우 일을 하는 최유라에게는 연기에 대한 강한 트라우마가 있다. 삼 형제 중 셋째 기훈이 영화 감독을 하던 시절, 연기에 대해 호되게 질책을 당하고 생긴 상처다. 술에 취하지 않고는 삶을 견디기 힘들었던 유라에게 구원과 같은 소식은 영화 실패 후 건물 청소 일을 하는 기훈의 모습이다.

삼 형제의 단골 술집이자 고등학교 동창들이 밤마다 모여드는 술집이 있다. 전에 은행 부행장이었다가 지금은 모텔에서 수건 개는 일을 하는 사람, 자동차 연구소 소장이었다가 미꾸라지 수입하는 일을 하는 사람, 제약회사 이사였다가 백수가 된 사람, 이들 앞에서 망가진 사람이 좋다고 당당히 말하는 유라. 평생을 실패하며 망가질까 봐 두려워하면서 살았는데, 그녀의 눈에는 망한 기훈이나 술집에 모인 사람들이 망해도 아무렇지 않아 좋아 보인다. "망해도 괜찮은 거구나! 망가져도 행복할 수 있구나!" 그녀의 고백은 술집에 모인 사람 모두에게 위로가 되었다.

어떤 직업에 대한 꿈을 꾸고 삶의 목표를 정하고 나가지만, 그 꿈과 계획이 모두 무너져도 괜찮다. 내가 어떤 실패를 하든 있는 모습 그대로 지지하고 사랑받을 수 있는 관계가 형성되어 있다면 행복은 무너지지 않는다. 어쩌면 교회 공동체 존재의 핵심적인 이유가 이런 게 아닐까.

나랑 친한 사람 중에도 그런 사람이 있다는 게 좋아서

지안은 어릴 때 빚 때문에 도망친 부모 말고는, 청각장애가 있고 몸도 불편한 할머니밖에 가족이 없다. 아무도 도와주지 않아 부모의 빚은 지안의 빚이 되었고, 지긋지긋한 폭력적인 채권 추심에 시달리고 있다. 결국 할머니가 맞는 상황에 처하자 어린 지안은 참지 못하고 충동적으로 살인을 저지르게 된다. 정당방위가 인정되어 풀려나긴 했지만, 여전히 지속되는 부채의 압박과 폭력적인 채권 추심, 살인자라는 낙인, 아픈 할머니를 돌봐야 하는 상황 등 변한 게 없다. 지안은 자신의 인생에 한 줄기 빛을 경험하지 못했다.

당장 목돈이 필요한 지안은 직장 상사인 삼 형제 중 둘째인 동훈을 도청하기 시작하고, 한없이 착하고 매너 있고 직원들에게 좋은 평가를 받는 동훈의 약점을 집요하게 찾으려 한다. 모든 사람은 위선적인 면이 있어서 남들이 보지 않는 데서는 평소와 다른 모습이 있을 거라 생각했는데, 동훈은 위선과는 다른 이중적인 삶을 살고 있다. 자기 인생의 즐거움과 행복은 몰라도 가족의 행복을 위해 살아온 인생

157

이었는데, 동훈은 아내가 자신이 가장 싫어하는 인물과 외도를 한 사실을 알게 된다. 갑자기 찾아온 너무 절망적인 상황에 동훈은 극단적인 생각까지 하지만, 그러면 나중에 어머니와 자녀, 형제와 이웃들이 받을 정신적인 고통을 생각해 차마 실행하지 못한다.

아무도 모르게 넘어가려 하고 평소와 다름없이 생활하려 하지만 마음속으로는 미친듯이 비명을 질러 댄다. 지안만이 그 소리를 들을 수 있었다. 정신이 파괴되어 가는 과정에서도 상훈은 지안의 어려움을 알고 어떻게든 도와주려 애쓰고, 지안은 자신을 도와주려는 사람에게 처음으로 마음을 연다. 우연히 동훈의 안부를 묻는 할머니 앞에서 지안은 견디기 힘든 시간을 보내고 있는 동훈을 생각하며 눈물을 흘린다. "좋아서. 나랑 친한 사람 중에도 그런 사람이 있다는 게 좋아서"라며 얼버무리지만 지안의 내면은 동훈에 대한 고마움과 안쓰러움이 가득하다.

지안이 동훈에게 끌렸던 건 유혹에 흔들리지 않는 깨끗한 사람이어서도, 다른 사람에게 선행을 베풀면서도 자신의 선행을 드러내지 않아서도 아니었다. 망가질 대로 망가진 그의 내면, 세상에 부러울 것 없어 보이는 사람이 자신만큼 이미 영혼은 죽음의 문턱에 걸쳐 있다는 것. 지안은 어쩌면 자기만 도움이 절실히 필요한 존재인 줄 알았는데 역으로 자신이 죽어 가는 동훈의 숨통을 트이게 하고 생명을 살릴 수 있는 존재가 될 수 있다는 사실을 알게 된다.

이처럼 구원의 통로는 일방적이지 않다. 누군가에게 일 방적인 구원의 통로가 되어 주겠다는 건 착각일 수 있다. 구원은 언제나 상호적이다. 딸을 키워 보니 더욱 확실히 알 았다. 아무것도 모를 것 같은 작은 아기와 함께 힘들어 하 고, 함께 성장하고, 서로 의존하면서 서로에게 큰 힘이 되 어 구원의 과정에 동참하는 게 삶이라는 걸 알았다. 누구를 만나든 예외가 없다.

아무것도 아니야

좋은 대학을 나오고, 대기업에 취직하고, 변호사 직업을 가진 배우자를 만나도 동훈은 언제나 삶이 천근만근처럼 무겁게 느껴진다. 그렇지만 자기 가족과 부모 형제가, 그리 고 주변 사람들이 행복할 수 있다면 자신의 행복쯤은 양보 할 수 있다고 생각했다. 하지만 보이는 삶과 내면의 삶 사 이의 괴리는 아내의 외도, 그것도 자신이 가장 싫어하는 사 람과의 불륜으로 감당할 수 없을 정도로 폭발하고 만다.

'아무것도 아니야'는 동훈의 인생철학이다. 불행한 사건 도 자기 혼자만 알고 아무것도 아니라 넘어갈 수 있다고 생 각했지만, 실제 그의 내면은 이미 지옥이었다. 그런데 아무 도 모르게 잘 감췄던 실제 삶을 자신의 회사에 다니는 파견

직 직원 지안이 모두 알게 되었다. 이미 다 망가져 버린 자신의 삶을 다 알고도 진심으로 지지해 주고, 안아 주고, 자신의 행복을 위해 무엇이든 희생할 각오가 되어 있는 지안의 모습을 보고 동훈은 마음을 바꾼다. 진심으로 행복하기로.

우울하고 어두운 내면이 드러나도 내 삶이 지지받을 수있을까? 거의 모든 사람들이 보여 주고 싶은 부분만 보여준다. SNS는 그런 본성에 날개를 달아 주었다. 자본주의 사회에서 많은 사람들이 우울과 두려움은 잘 감춘 채 행복의 포장지로 자신의 삶을 감싼다. 교회에서도 마찬가지다. '희년은행'에서 빚을 지고 힘들어 하는 청년들을 상담할 때 보면, 그들 대부분이 교회에 이 사실을 숨긴다. 취업에 실패하고, 빚을 지고, 이혼의 아픔을 경험하고, 해고를 당하고, 고통 중에 있을 때 많은 사람들이 교회와도 점점 더 거리를 둔다. 어느 때보다 위로와 돌봄이 필요할 때 교회는 더욱 소외감을 느끼게 하는 것은 아닌지 모르겠다.

예수가 가까이한 많은 사람들은 당시 유대인들이 관계하기 꺼려하던 부류였다. 몸이 불편한 사람, 민족을 배반한 세리, 정신이 무너져 귀신에 시달리는 사람, 잡종 혼혈이라며 손가락질당하는 사마리아인, 생계 때문에 다수의 남편을 둔 여인. 예수는 그리스도인의 정체성을 이들과 함께하는 데서 찾았다. 내 직업과 배경과 재산이나 외모가 아닌,

있는 모습 그대로 존재가 사랑받는다면 그곳은 이미 하늘 나라다. 나와 타인을 끊임없이 분리시키려는 자본주의 사회에서 "넌 혼자가 아니야"라고 말할 수 있는 게 복음의 핵심이다.

돈 많은 사람은 좋은 사람 되기 쉬워

할머니가 좋은 사람 같다며 동훈을 칭찬하자 지안은 돈 많은 사람은 좋은 사람 되기 쉽다며 정색한다. 결국 돈 많은 사람에 대한 지안의 편견으로 결론이 났지만 일정 부분 사실이기도 하다. 경제 기반이 무너지면서 마음의 여유가 사라지고 가족과 주변과의 관계가 결국 계속 후순위로 밀려나는 사람들을 여럿 목격했다. 최소한의 삶의 기반이 무너지면 관계도 허물어지기 쉽고 우울감과 두려움에 사로잡혀 살기 쉽다. 최소한의 삶의 기반은 사회 공동체가 책임져 주는 게 맞다.

때로는 내가 힘들 때마다 의지할 수 있는 '나의 아저씨'가 필요하지만, 어쩌면 우리 모두에게 필요한 건 내가 어떤 과거를 가졌든, 어떤 성격을 지녔든, 어떤 상황에 있든 기댈 수 있는 '우리의 아저씨'다. 기본 소득이다.

바꾸고 싶은 과거보다는 바꿀 수 있는 미래를

주변에서 평이 좋아 〈나인〉이라는 드라마를 봤다. 예전에
이미 한 번 봤으니, 이번에는 아내와 두 번째 시청이다. 두
번을 봐도 흥미진진하게 볼 만큼 명작이다. 탄탄한 구성력,
매 회 매 순간 화면에서 눈을 떼지 못하게 하는 긴박감. 이
런 수작이 큰 인기를 끌지 못했다는 게 이상할 따름이다.

　〈나인〉은 향이 타는 30분 동안 20년 전의 과거로 돌아갈
수 있다는 소재를 바탕으로 벌어지는 이야기이다. 아홉 개
의 향을 우연히 손에 넣은 주인공이 아홉 번의 시간 여행을
통해 끔찍했던 자신의 과거를 바꾸는 과정을 그리고 있다.
하지만 그 순간만 바꾸면 미래가 행복해질 거라 믿고 과거
를 바꿔도, 그로 인해 예상치도 못한 더 끔찍한 현재를 맞

이한다.

'나에게도 바꾸고 싶은 과거가 있는가?' 〈나인〉이라는 드라마 때문에 하게 된 생각은 아니다. 드라마를 알기 전에도 수천, 수만 번을 생각했다. 학생 때 내 꿈을 좀 더 일찍 알았더라면, 소중한 주변 사람들한테 했던 미숙한 행동들, 학창 시절 전공, 우정과 사랑, 그 무엇보다 이십대 중반 첫 직장에서 과로로 인해 폐가 많이 손상되어 되돌릴 수 없을 지경이 된 몸 상태.

시간은 누구에게나 공평하다. 1분 1초가 아까운 서울 시장이든, 1분 1초가 빨리 가지 않아 괴로운 서울역 노숙자이든 시간은 사람을 차별하지 않는다. 혁명적인 기술로 세상을 움직였던 스티브 잡스나, 살아 있는 자식들이 아무도 찾지 않아 고독사를 한 쪽방촌 이름 모를 할아버지나 죽음 앞에서는 누구나 공평하다. 드라마나 영화가 아닌 이상 현실에서는 그 누구도 시간을 자신의 의지로 움직일 수 없다. 사람들이 과거의 잘못된 선택의 순간으로 돌아가고 싶은 이유는, 누구나 백 년도 안 되는 제한된 시간을 살기 때문이다. 누구나 알고 있는 당연한 명제이지만, 이 당연한 명제를 벗어나고 싶어 하는 욕망이 극에 이르러 있다. 티브이에서 '동안' 코드가 꾸준히 인기를 끌고 있는 이유도 흔한 예 가운데 하나다.

'구원'이라는 단어로 포함할 수 있는 영역은 매우 방대하다. 구원은 지극히 개인적이고 사적이면서도 사회성이 매우 짙은 공적 영역에 속한다. 우리는 '이미'와 '아직' 사이에서 죽을 때까지 아슬아슬한 줄타기 인생을 살아야 한다. 구원은 매우 깊고 심오한 의미를 가졌고 평생 풀어도 쉽게 풀리지 않는 자물쇠와 같다. 그런데 그 엄청난 구원의 의미를 '영원'이라는 한 속성으로만 풀어내려는 신앙인들이 뜻밖에 많다. 내 주변만 그런 건 아닌 것 같다.

하나님은 우리에게 어떻게 살아야 하는지 성경을 통해 알려 주셨지만, 많은 신앙인들은 어떻게 살아야 하는지보다는 영원히 사는 것에만 초점을 맞추고 있다. 구원의 의미도 우리에게 주어진 제한된 시간을 어떻게 살아야 하는지가 핵심인데 어떻게 하면 제한된 시간을 초월할 수 있는지에만 초점을 맞추고 있는 것이다. 예수의 삶이 우리의 삶을 바꿔 내는 역할을 하는 것이 아니라 영원한 삶을 위한 '버튼'에 불과할 때가 많다. 예수의 삶이 영원이라는 욕망을 위한 도구로 사용되지 않게 하려면 우리는 구원의 의미를 다시 되짚어야 한다.

평생 욕설과 저주만 받아 온 사람들이 예수에게 갔을 때 예수는 그들에게 과거로 돌아갈 수 있는 향을 주지 않았다. 그들의 잘못은 과거에 있는 것이 아니라 그 당시 구원에 대한 인식에 있었다. 자신이 원하지 않는 율법의 기준에 눌려 자기 의지로는 평생 받아야 할 모욕과 불행과 가난을 극복할 수 없는 사람들에게 예수는 기존의 것과 전혀 다른 새로운 구원의 의미를 부여한다. 예수는 그들이 받아야 할 모욕과 저주를 대신 받고 제한된 시간을 살다가 '죽음'이라는 형벌을 감당한 것이다. 예수의 죽음 이후에 그 구원의 의미를 이해한 사람들이 모여 마음과 재산을 나누고 차별과 가난 없는 공동체 교회를 만들어 가기 시작했다.

'영원'은 철저히 하나님의 영역이다. 하지만 〈나인〉의 주인공이 그러했던 것처럼, 그리고 태초의 인간이 그러했던 것처럼 인간은 신의 영역에 들어가고 싶어 한다. 하나님께 영원이라는 선물을 받는 게 아니라 '영원'을 자신의 의지대로 가지고 가고 싶은 것이다. 하지만 하나님이 우리에게 주신 영역은 우리에게 주어진 제한된 시간 동안 성경을 통해 예수님이 본보여 주신 삶을 의미 있게 살아 내는 것이다.

가끔 힘든 순간을 겪을 때마다 과거의 잘못된 선택의 순간으로 돌아가고 싶을 때가 많았다. 특히 건강 관리를 제대로 못한 과거가 너무도 후회스러울 때가 많았다. 그런데 더는 해결할 수 없는 과거에 집착하지 말아야겠다. 현재 내가 할 수 있는 것은 20년 후에 지금의 순간으로 돌아가고 싶다는 생각이 들지 않도록 사는 것이다. 그리고 나에게 주어진 제한된 시간 동안 후회하지 않을 만큼 나와 내 주변과 이웃을 사랑하는 것이 우선이다. 구원의 열쇠는 과거도 미래도 영원도 아닌 현재에 있다.

우리 시대의 어머니

영화 〈마더〉는 지능이 떨어져 스스로는 독립해서 살아갈 수 없는 아들 도준이와 어떤 상황에서도 그 아들을 지켜 내려는 엄마의 이야기다. 노상방뇨를 하는 아들에게 다가가 보약을 먹이는 장면, 아들이 유력한 용의자로 낙인찍힌 상황에서 살해된 여학생의 장례식에 찾아가 아들을 변호하는 장면, 담당 형사를 끈질기게 괴롭히는 장면 등은 고상하고 수줍음 많은 여자가 자식 때문에 어떻게 돌변할 수 있는지를 여실히 보여 준다. 세상에 홀로 설 수 없는 아들에게 엄마는 의사가 되고, 경찰관이 되고, 변호사가 되고, 심지어 살인자가 된다. 도준이가 실제로 살인한 것을 알게 되자 유일한 목격자를 살해하기에까지 이른 것이다. 결국 다운증후군이 있는 다른 집 아이(종팔)가 도준이의 죄를 덤터기 쓰게 된다. 그 아이를 붙잡고 울며 뱉은 엄마의 한마디가 인상적이다. "너는 엄마 없어?"

삶의 실존을 여과 없이 보여 줄 때 느끼는 불편함, 별로 인정하고 싶지 않았던 뒤틀린 아름다움, 우리가 놓치고 있었던, 아니, 애써 피해 왔던 진실을 영화는 깊게 파헤친다. 감동보다는 씁쓸함이 남는 것은 어쩌면 감독이 의도한 것인지도 모른다. '마더'라는 이 아름다운 제목 안에 얼마나 추악한 현실이 이중적으로 존재할 수 있는지 적나라하게 보여 준다. 영화에서 표현하고자 했던 '한국에서 볼 수 있는 어머니의 삶'을 다시 짚어 보고자 한다.

어머니의 희생, 언제까지 당연히 여겨야 할까

최고의 아름다운 사랑을 비유할 때 보통 자식을 향한 부모의 사랑을 예로 든다. 자신을 다 줘도 조금도 아깝지 않은 게 부모의 마음이다. 그중 어머니의 사랑은 더욱 각별하다. 산고의 고통으로 난 생명이라 그런지 자식은 몸의 일부이다. 자식의 행복을 위해서라면 무엇이든 할 수 있고, 자식이 조금이라도 불행해지는 것은 참지 못한다. 〈공공의 적〉이라는 영화를 보면, 자신을 살해하는 아들이 흘린 증거물을 어머니가 죽기 전에 집어 삼키는 장면이 있다. 많은 부모들이 이 장면에 공감했을 것이다. 세상 모든 사람이 하나같이 자식을 악인이라고 욕해도 어머니에겐 자기 목숨까지 내어 줄 수 있는 존재인 것이다. 어려운 환경에서 성공한 사람들의 간증에 '어머니의 역할'은 절대적인 비중을 차지한다. 특히 장애를 가진 사람이 자신의 한계를 극복한 아름다운 사례를 들어 보면 더욱 그렇다. 어머니의 사랑에는 다른 어떤 사랑과 비교할 수 없는 특별한 아름다움이 있다.

그런데 과연 그 희생을 언제까지 아름답고 당연하게 여겨야 하는 걸까? 언제까지 경제 규모에 비해 후진적인 의료, 교육, 주택 복지의 책임을 한국의 어머니가 감당해야만 하는 걸까? 민주주의가 정착되고 경제가 많이 발전했다지만, 복지는 그 발전 속도에 비해 너무 뒤쳐져 있다. 한국에서 발전과 복지의 긴 간극이 남긴 숙제는 언제나 초인적인 수고를 강요당하는 어머니의 몫이었다. 그리고 그런 어머니처럼 살고 싶지 않은 한국의 딸들의 마음이 세계 최저 출산율로 나타나고 있다.

가족, 이타주의와 이기주의의 미묘한 경계선

어머니란 존재에게 자식의 의미는 이타주의와 이기주의의 미묘한 경계선에 있다. 자식을 위해서라면 무엇이든 내 줄 수 있지만, 동시에 자식을 위해서라면 다른 사람이나 사회가 어찌되든 상관이 없는 것이다. 어머니는 자식을 위해 무엇이라도 희생할 각오가 되어 있으면서도, 가족을 위해 행한 일로 사회가 입을 수 있는 피해는 아무것도 아닐 수 있기도 하다. 자식은 엄마 입장에서는 절대적으로 이타주의적인 존재인 동시에 사회 입장에서는 극단적으로 이기주의적인 존재가 될 수 있다.

사회가 집을 지켜 주지 못하자 주부들이 나서서 땅 투기를 조장하고, 사회가 아이의 교육을 책임지지 못하자 주부들이 사교육 열풍의 중심이 된다. 사회 불안감이 커질수록 어머니들은 악착같이 자기 가족과 자식만은 살아남게 하려 하고, 그렇게 가족을 위해 보수화되어, 아니, 사익 집단이 되어 간다.

행여 장애를 가진 아이가 태어나기라도 하면 저주에 가까운 불행이 시작된다. 어디를 가도 외면당하기 쉬운 아이를 끝까지 포기 못한 사람들의 이야기를 들어 보면 역시나 어머니가 등장한다. 가끔은 불행한 환경을 극복한 아름답고 감동적인 이야기가 뉴스거리가 되지만, 뉴스에 보이지 않는 대부분의 어머니는 우울증과 비통함에 시달리고 있다. 그러다가 영화에서처럼 죽음까지 책임지고 싶은 엇나간 사랑으로 동반 자살을 시도하는 경우도 심심치 않게 뉴스에서 들려온다.

교회와 사회의 역할

국가가 1차적인 책임을 다하지 못할 때 그 빈자리를 감당해야 하는 의무는 교회에 있다. 그런데 대형 교회에서 복지 정책을 위해 기도회를 열거나 사회 불안의 문제를 해결하기 위해 대대적인 힘을 모았다는 소식을 들어 보지 못했다. 오히려 복지와는 거리가 먼 정당을 지지하거나 강단에서 성공만을 주구장창 외침으로써 도움이 절실한 사람들이 소외감을 느끼게 할 뿐이다. 영화 〈마더〉를 보면, 과거의 좋지 않은 기억과 속병을 잊게 해 주는 엄마만의 침 자리가 나온다. 자식을 살리기 위해 살인을 하고 괴로워하는 엄마가 침을 맞고 광란의 춤을 추는 모습을 보면서, 교회 역시 사회의 불행한 현실을 잊게 하는 침 자리 역할밖에 하지 못하는 건 아닌가 하는 아쉬움이 교차되었다.

정치인들에게 우리 시대의 어머니는 가장 큰 유권자층이다. 복지 국가를 주장하는 진보 정치인과 사회 운동가들이 우리 시대의 어머니들을 설득하지 못하고 사익 집단처럼 만들어 버린 건 반성하고 고민해야 할 문제다. 사회 운동가들이 우리 시대의 어머니들을 설득하지 못하면, 개혁의 이론과 적용 사이의 간극은 좀처럼 좁혀지지 않을 것이다. 어머니들을 설득할 수 있는 가족 단위의 혜택에 대한 정책을 좀 더 개발하고 좀 더 쉬운 언어와 이론을 고민해야 할 필요가 있다. 더 나아가 가족의 여러 문제가 어머니 한 사람의 책임이 아닌 공동의 책임임을 널리 알려야 할 필요를 느낀다. 어머니들을 개혁의 변방에서, 개혁의 중심으로 옮겨 올 수 있도록 함께 고민해야 할 때다.

미생과 완생, 그리고 자본주의

우리나라에서 사회와 직장에 첫발을 딛는 순간 행복하다고 느끼는 사람이 얼마나 될까? 이러려고 다른 즐거움 다 포기하고 공부만 한 게 아닌데, 이러려고 비전을 품고 꿈을 꾼 게 아닌데, 이러려고 쉼 없이 달려온 게 아닌데⋯⋯ 하지 않을까? 하나님 앞에 섰을 때는 내가 참 가진 게 많고 특별한 줄 알았다. 그런데 사회와 직장에 나와 보니 나에게 요구하는 것은 단 하나다. 직장에 이익을 낼 수 있는 요소 하나로 내가 규정되고, 나 또한 그 기준으로 사람을 대해야 한다. 그리고 시간이 가면서 나의 원대한 꿈과 비전은 작아지고 축소되어 결국 한 가지만 남는다. 그곳에서 살아남는 것, 그것뿐이다.

바둑돌 하나가 판 위에 놓이고, 이 돌은 361칸 중 하나를 차지한다. 자리를 하나 차지했다고 해서 절대 안심할 수 없다. 이 돌 하나가 자기 집을 짓고 살아남을지 혹은 상대방에게 잡아먹힐지는 게임이 끝날 때까지 아무도 모른다. 잡아먹히지 않기 위해서는 나와 다른 색깔을 주변에 허락하면 안 된다. 나와 다른 색을 가진 돌에 둘러싸이면 죽는다. 죽지 않으려면 같은 색깔의 바둑돌을 이어 두 개 이상의 공간(집)을 마련해야 한다. 두 개 이상의 집이 생겨서 상대방이 죽일 수 없는 집이 되면 그 집을 '완생'이라 부른다. 그리고 완생할 여지를 남기고 있지만 언제든 먹힐 수도 있는 미완성의 집을 '미생'이라 부른다.

〈미생〉이라는 드라마가 한참 인기다. 드라마에는 톱스타도 없고, 별에서 온 외계인도 없고, 출생의 비밀도 없다. 그 흔한 애틋한 남녀 간의 사랑도 없다. 숨 막히는 우리의 현실이 있을 뿐이다. 그리고 이리 치이고 저리 치이는 불쌍한 신입 사원 장그래가 있다. 검정고시 고졸 출신에 요즘 '개나 소나 다 가지고 있는' 컴활(컴퓨터 활용 능력) 자격증 하나 있는 장그래가 믿을 수 있는 것은 남들과 차별되는 노력뿐이다. 그나마 하나 있는 드라마적 판타지는 정직과 성실만으로 장그래가 성공하는 모습을 보여 주는 것이다.

누군가 인생은 바둑과 같다고 했다. 더 엄밀히 보면 자본주의의 생리와 바둑의 비교가 더 정확한 말일 것이다. 경쟁 사회에서 내가 자리를 차지하려면 나에게 이익이 되지 않는 누군가를 없애야 한다. 내 사업이 잘된다는 것은 경쟁 업체가 힘들어진다는 뜻이고, 경쟁 업체가 잘된다는 것은 내 이익이 줄고 있다는 뜻이기도 하다. 영업 이익을 내려면 사원들에게 더 가혹한 폭언을 퍼부어야 하고 출산 휴가를 바라는 여사원들에게 눈치를 줘야 한다. 자신이 살아남으려면 때로는 옳지 않은 일을 보고도 침묵해야 하고, '갑' 앞에서 굽실거려야 하는 '을'의 자존심 따위는 하루빨리 털어 버려야 한다.

나와 나의 이익이 되는 존재는 흰색이고, 그 밖의 사람들은 또렷한 흑색이다. 흑과 백 외에는 어떠한 색도 존재하지 않는다. 나 그리고 적이 있을 뿐이다. 어떤 과정을 통해 바둑을 두게 되었는지, 나와 상대가 얼마큼 차이가 있는지는 따지지 않는다. 승자와 패자, 성공과 실패로만 내가 규정된다. 살아남기 위해서는 속임과 꼼수도 부려야 하고, 큰 집을 얻기 위해서 작은 집을 내주기도 하는 바둑은 인생의 축소판이다.

오늘 한 독거 노인이 자살했다는 소식이 있었다. 자신의 시신을 수습할 이들에게 남긴 수고비 10만 원과 밀린 공과금도 함께 있었다. 봉투에는 죽음을 준비하는 사람답지 않게 "고맙습니다. 국밥이나 한 그릇 하시죠"라는 여유로운 인사말이 적혀 있었다. 지난번 충격을 준 세 모녀 자살 사건도 그랬다. 치료비가 없고 당장 먹고 살길이 없어 죽는 마당에 그들이 죽기 전 유일하게 마련한 건 밀린 공과금이었다. 먹고 먹히는 자본주의 사회와 어울리지 않는 대표적인 예스맨들이다. 정해진 사회 구조를 바꿀 생각을 못하고, 나에게 주어진 환경에 순응하다가 결국 그 속에서 낙오되었을 때 자기 탓으로 돌리는 사람들. 매번 '그래'(Yes)로 화답하는 '장그래'를 보는 시선이 불편한 건 그 때문이다.

우리가 최선이라고 생각했던 바둑의 룰을 좀 바꿔 볼 순 없는 걸까? 내 이익의 많은 부분을 세금으로 공유해서 어제 나의 적이었던 실패한 이웃에게 나눠 주면 어떨까? 나도 까만색을 조금씩 받아들이고, 상대방도 하얀색을 조금씩 받아들여 회색으로 인생의 바둑판을 두는 건 어떨까? 그 누구도 죽지 않고 나의 집이 너의 집이 되고, 다 같이 살 수 있는 우리의 집이 되는 건 이 땅에서 불가능한 낙원일까?

의리와 인권 사이

배우 김보성을 발탁한 식혜 광고의 영향으로 한때 '으리' 열풍이 불었다. 박물관에나 있을 법한 의리 컨셉이 왜 뜬금없이 인기를 탈까? 살짝 과장해서 '의리가 밥 먹여 주지 않는 세상'에 대한 반작용은 아닐까? 그렇다. 영화 〈친구〉의 악당 두목의 말대로 21세기는 돈이 의리인 세상이다. 돈 없으면 친구 만나기도 망설여진다.

그런데 자본주의가 아무리 모든 이데올로기 위에 군림한다 해도, 한국 남성들의 마음 한구석에서 의리에 대한 로망은 완전히 사라지지 않는다. 한국 남성들의 청소년기를 사로잡은 한 권의 책이 있기 때문이다. 성경 다음으로 등장인물이 많은 소설, 성경 다음으로 많이 팔린 책. 남자들은 누구나 여러 차례 읽었을 법한『삼국지』다.

『삼국지』를 빼고 내 인생을 얘기할 수 없다. 중고등학교 시절 여러 가지 번역본으로 읽고 또 읽었다. 학업에도, 독서나 글쓰기에도 전혀 관심 없었던 내게 독서의 즐거움을 알려 주었고, 상상력을 넓혀 주었으며, 글쓰기의 시작을 도와준 책이다. 몸이 약한 나에게 어떤 싸움에서도 절대 지지 않는 남자들의 이야기는 그야말로 환상적이었고, 작은 군대로 거대한 대군을 이기는 모사들의 지략은 통쾌하기 짝이 없었다. 후한 말기 당시 세상을 지배했던 조조가 온갖 공을 들여 회유했음에도 전부 뿌리친 채 조조의 부하를 여섯이나 베어 넘기고 떠돌이 패장 유비를 찾아 나선 관우의 이야기는 의리의 절정을 보여 주었다. 이 이야기는 역사적으로도 사실이다.

그러나 지금 나에게『삼국지』를 짧게 요약해서 어떤 내용이냐 묻는다면, '의리 때문에 성공한 삼 형제가 의리 때문에 망한 이야기'라고 답할 것이다. 유비의 강한 의협심에 감동한 형제와 장수들이 모여 하나의 나라를 건설하기까지는 성공하지만, 결국 그 의리 때문에 관우는 처형당하고 장비는 형의 원수를 갚는 전쟁이라며 부하들에게 무리한 요구를 하다가 몰래 탈영한 부하 장수들에 의해 목이 잘린다. 유비는 아우들의 원수를 갚는다며 제갈량도 극구 반대한 무리한 전쟁을 일으키다가 부하 70만 명이 불에 타 죽는 걸 눈뜨고 지켜봐야 했다. 결국 유비는 환궁하지 않고 변두리에서 쓸쓸히 화병으로 죽는다.

얼마 전 휴직 기간 동안 20년 만에 『삼국지』를 손에 잡았다. 그런데 과거의 감동은 되살아나지 않고 달리 읽혔다. 전에는 전혀 신경 쓰이지 않았던, 이름 없는 병사들의 죽음이 눈에 밟히기 시작했다. 관우에게 목이 잘린 장수들의 아내와 부모들이 생각났고, 70만 군사가 불에 타 죽었을 상상을 하니 소름 끼치도록 의리가 무서워졌다.

전쟁의 명분도 사실 딱히 없다. 백성의 목숨을 빼앗고 재산을 수탈해 버린 동탁이라면 모를까, 백성의 입장에서 조조는 악당이 아니다. 게다가 조조는 행군 중에 백성의 논밭을 절대 해치지 말 것을 강하게 명령한 후 실족하여 자기가 논으로 미끄러지자 직접 자신의 머리카락을 잘라 법의 엄중함을 일깨웠던 인물이다. 일반 백성의 눈에는 조조나 유비나 손권이나 모두 그럭저럭 괜찮은 왕이다. 백성들은 자기들이 위나라의 백성이든 촉나라의 백성이든 전혀 달라질 게 없다. 천하 통일이라는 자기들만의 명분을 위해 수백만의 병사를 사지로 몰아넣은 그들의 처사에 얼마나 많은 백성이 분노했을까. 전에는 보이지 않았던 유비와 제갈량, 조조와 손권을 향한 백성의 분노가 보이기 시작했다. 물론 21세기의 인권 의식으로 『삼국지』를 해석하기란 무리가 따를 수 있다. 그래도 어쩌겠는가. 이름 없이 죽어간 수많은 사람이 내 마음에 밟히는 것을.

　그렇다면 내 아이에게 『삼국지』를 읽히지 않을 것인가? 아니다. 반드시 읽어야 할 필독서로 정해 줄 것이다. 좋든 싫든 간에 삼국지는 인간의 본성과 여러 감각을 깨우는 고전 중의 고전임에 틀림없다. 다만 작가 나관중의 사관을 넘어서 좀 더 다양한 시각으로 볼 수 있음을 알려 줄 것이다.

　의리가 나쁜가? 아니다. 대상이 정확히 정해진 의리는 지켜져야 한다. 천막 교회와 판자촌에서 시작했던 유명 목사가 어느 날 갑자기 의리 없이 부자와 기득권자들의 대변인이 되어 있다. 성경에서 그토록 강조한 공의는 온데간데없고, 성경에서 크게 강조하지 않은 주일 성수나 십일조에 신앙의 초점이 맞춰져 있다. 의리가 가장 강조되어야 할 대상은 바로 나와 우리 교회다. 자신들의 힘으로는 그 어떤 문제도 해결할 수 없는 가난한 사람들을 향한 예수의 의리, 그들이 구원의 기쁨을 맛본다면 자신의 몸은 부서져도 좋다는 예수의 의리. 그 누구보다 한국 교회가 이 예수의 의리를 회복해야 한다.

아름다움을 찾아서

본다. 움직이는 지하철에 앉아서 나는 사람들을 보고 있고, 대부분의 사람은 스마트폰을 보고 있다. 손바닥보다 작은 화면을 살짝 문지르면 세계가 움직인다. 그 속에 평생을 실컷 본다 해도 결코 다 볼 수 없는 어마어마한 양의 정보가 있다. 미국 정치인의 발언 하나가 내가 재산을 투자해 사야 할 주식과 부동산을 결정할 수도 있고, 교육부 장관의 사소한 발언이 내 자식의 학업 스케줄에 영향을 줄 수도 있다. 사람들은 그렇게 인터넷을 통해 고급 정보를 빨리 보고, 넓게 보고, 많이 보고 싶어 한다. 그것이 세상을 바로 보는 것이라 생각하고 세상과의 소통이라고 생각한다. 과연 그럴까? 진짜 세상을 보는 걸까?

그러나 이창동 감독의 영화 〈시〉는 우리가 익숙하게 보았던 것을 다시 보게 한다. 그리고 다시 생각하게 한다. 봤던 것을 또 보고, 다시 보고, 계속 바라보다가 바라보는 대상이 전과는 다른 의미로 다가올 때 비로소 '시'가 된다. 바쁜 현대인에게는 참으로 쓸데없는 짓인지도 모르겠다. 아름다운 시상을 찾고 찾다가 결국 아름다움의 이중성을 발견한 한 할머니의 참 쓸데없는 짓을 통해 감독은 우리 사회에 묵직한 질문을 던진다.

전기, 비누, 터미널……. 살면서 잊어버리면 안 되는 단어들을 잊어가면서 미자는 위기를 감지한다. 하지만 생활보호대상자 지원금을 받으며 이혼한 딸의 손자를 돌봐야 할 형편에 치매 예방을 위해 돈을 쓸 엄두가 나지 않는다. 결국 할 수 있는 건 자기 존재를 잊어버리기 전에 더욱 아름다운 자신의 모습을 다른 사람에게 기억시키는 것뿐. 하여 사람들을 대할 때는 부드러운 미소로 대하고, 자신의 두려움을 덮어 줄 세련된 옷을 입는다. 그리고 가장 아름다운 행위의 집약이라고 생각했던 시를 배우기 시작한다.

"인생은 아름답다." 이 한 문장을 남기고 가고 싶었던 미자의 바람은 이루어지지 않는다. 아름다운 간병인으로 남기 위해 친절하게 대해 주었건만 간병을 받던 장애인은 미자에게 성관계를 요구하고, 기대한 시 낭송회에서는 낯 뜨거운 음담패설이 낭송된다. 무엇보다 밥 먹는 모습만 봐도 세상에서 가장 큰 행복감을 주던 손자가 집단 성폭행을 당해 자살한 여중생의 가해자가 되어 있다. 아름다움은 그렇게 미자를 끊임없이 배신한다.

그렇다고 단순히 시가 곧 아름다움이라는 등식이 성립되지 않음을 말하기 위해 감독이 미자를 괴롭히지는 것 같지는 않다. 아름답지 않은 것이 곧 시가 되는 것도 아니다. 시는 아름다움과 추함이 공존하는 우리의 모습 그대로다. 생애 가장 아름다운 순간을 고백하는 수강생들의 고백에는, 딸아이가 첫 울음을 터뜨리는 순간도 있고 반지하에서 임대 아파트로 이사 가게 된 벅참도 있지만 사랑할 수 없는 유부남을 잊지 못해 괴로워하는 순간도 있다. 불편한 몸이어도 자식과 손자들에게 존경을 잃지 않던 할아버지가 보이지 않는 곳에서 간병인을 성추행하고, 순수한 호기심으로 가득해야 할 중학교 과학실에서는 집단 성폭행이 장기간 벌어지고 있었다. 반면 지방 변두리로 좌천되어 시사회에 나와 음담패설이나 즐기는 형사는 알고 보니 내부 비리를 고발한 정의로운 형사였다.

실존을 마주하기란 참으로 불편한 일이다. 적당히 보고 싶고, 적당히 보여 주고 싶다. 인터넷과 SNS는 이런 우리의 적당한 근성에 날개를 달아 준다. 자식들이 집단 성폭행에 가담해 피해자가 자살하는 일이 벌어져도 적당히 3천만 원쯤 보상금을 챙겨 주면 자기 자식들은 아무 일 없었다는 듯 다시 살아갈 수 있다. 어른들의 욕망과 무능으로 인해 죄 없는 고등학생 수백 명이 바다에서 목숨을 잃어도 적당히 이야기해야지 너무 길게 진실을 파고드는 건 불편하다. 인터넷이 발달하고 스마트폰이 보급될수록 사람들은 보고 싶은 것만 보고 보여 주고 싶은 것만 보여 주는 데 익숙해져 간다. 대신 우리의 실존을 그대로 마주하기를 권하는 '시'는 그렇게 점점 현대 사회에서 잊혀 간다.

아름다움과 시상을 찾아 헤맨 미자가 찾은 것은 결국 성폭행 피해자 희진이었다. 죽기까지 괴로웠던 희진의 삶의 발자취를 더듬어 가며 덩달아 자신의 비참한 현실을 마주해야 했다. 죄를 저지른 손자들은 죄책감이 전혀 없는데 무엇으로 소녀의 넋을 위로할 수 있을까? 치매가 진행되는 자신의 어려움을 아무도 알지 못하는데 무엇으로 자신의 괴로움을 달랠 수 있을까? 마지막 시 한 편에서 이루어진 극적인 만남은 용서와 화해, 그 어떤 단어로도 설명할 수 없는 아름다움이었다.

아네스의 노래

그곳은 어떤가요 얼마나 적막하나요
저녁이면 여전히 노을이 지고
숲으로 가는 새들의 노랫소리 들리나요
차마 부치지 못한 편지 당신이 받아 볼 수 있나요
하지 못한 고백 전할 수 있나요
시간은 흐르고 장미는 시들까요

이제 작별을 할 시간
머물고 가는 바람처럼 그림자처럼
오지 않던 약속도 끝내 비밀이었던 사랑도
서러운 내 발목에 입 맞추는 풀잎 하나
나를 따라온 작은 발자국에게도
작별을 할 시간

이제 어둠이 오면 다시 촛불이 켜질까요
나는 기도합니다
아무도 눈물은 흘리지 않기를
내가 얼마나 간절히 사랑했는지
당신이 알아주기를

여름 한낮의 그 오랜 기다림
아버지의 얼굴 같은 오래된 골목
수줍어 돌아앉은 외로운 들국화까지도
내가 얼마나 사랑했는지
당신의 작은 노래 소리에 얼마나
가슴 뛰었는지

나는 당신을 축복합니다
검은 강물을 건너기 전에
내 영혼의 마지막 숨을 다해
나는 꿈꾸기 시작합니다
어느 햇빛 맑은 아침 깨어나
부신 눈으로
머리맡에 선 당신을
만날 수 있기를

5부

수련
일기

하루 앞을 예측하기 어렵습니다.

그래도 저는 감사한 마음으로
하루하루 잘 보내고 있습니다.

관계

다른 사람을 분석하기보다는
이해하게 하시고
이해하기보다는 기도하게 하소서.

내 방식으로 그 사람을
사랑하게 마시고
그 사람 방식으로 사랑하게 하소서.

그 사람과 다툼이 일면
기도하게 하시고
내가 원하는 방법보다
그 사람이 원하는 방법으로
용서를 구하게 하소서.

나를 싫어하는 사람을
싫어하지 않게 하시고
나를 좋아하는 사람을
다른 사람보다 더 좋아하지 않게 하소서.

내 생각으로 다른 사람의 행동과 기준을
그려 내지 말게 하시고
나의 기준으로 다른 사람을
가르치지 않게 하소서.

말로써 상처를 드러내지 말고
말로써 기쁨을 포장하지 않게 하소서.

하나님보다 다른 사람을 더
사랑하지 말게 하시고
하나님보다 나를 더
사랑하지 않게 하소서.

그리고
하나님이 나를 사랑하시는 것처럼
내가 다른 사람을 사랑하는 데
이유를 찾지 않게 하소서.

이 모든 것을

내 지식에서 찾지 말고
하나님이 주신 말씀 안에서 찾게 하소서.

쓰레기장

세상의 모든 더러운 것을
가지고 갈 수 있다면.
세상의 안 좋은 모습과
욕설이 나에게만 향한다면.

그건 어쩌면
사람들이 나를 사랑하는
이유가 되고
나의 정체성이 될지도 모른다.

나조차 깨끗하고자 하는 소망을 갖기에는
세상이 너무 더럽다.
그냥 내가 좀 지저분해지고
내가 소외받아도
세상의 모든 더러운 것을
사랑하고 싶다.

알면 알수록 외로워진다.
진리가 나를 고독하게 한다.

진리에 가까울수록
실행하기 어렵다는 것을 알기에
행동하지 못하는 진리가 나를
점점 외롭게 만든다.

차라리 모르고 있으면 괜찮을지도……

바보가 되고 싶다.
하나님이 가르쳐 주지 않으면
전혀 움직일 줄 모르는 바보가 되고 싶다.

침묵

하나님이 침묵하시면
나 또한 침묵해야 하는데
내 입은 기도하고 있다.

누구를 향한 기도이지……?

가깝다고 생각하면 더 멀어진다.
그래서 더 이상 다가갈 수 없다.
뒤로 물러설 수는 더더욱 없다.

그냥 이 자리에 서 있다.

나를 부르는 소리가 있을 때까지
기다리기에는 내 인내심이 너무 부족하다.

그저
오늘 하루는 견뎌 보련만…… .

희망

제게 있는 몸 그대로
감사드리기에는 제가 너무 힘이 듭니다.

제게 조금만 더 숨구멍을
열어 주시지 않으면
제가 기도하기에 너무 힘이 듭니다.

오늘 하루도 찬양할 수 있을 정도만
기도할 수 있는 정도만이라도
제가 살 수 있게 해 주시면
안 되겠습니까?

저를 괴롭히는 것들이 너무 많습니다
제가 이기기에는 감당치 못하겠으니
나의 외로움을 기억하소서.

오늘 하루도 하나님이 주시는
하루 분의 살 수 있는 사랑으로
견디며 살겠습니다.

제가 계속 살기를 원하시는 주님!

마지막 남은 힘도

주님을 위해 쓰게 하소서.

나그네

아직 집에 갈 길이 멀다.
나는 영원히 갈 곳 없는 나그네인 줄 알았는데
내가 결국 갈 집이 있다고 한다.

그런데 어디로 가는지는 정확히 모른다.
방향도 모르고 거리도 모르는데
내가 갈 곳이 있다고 했다.
어쩌면 시간이 방향이고 거리이다.
시간이 지나면 나는 집에 있을 것이다.

나는 그렇게
하루하루 착실하게
하늘나라에 갈 준비를 한다.

영원히 가질 수 있는 재산이 있다고
착각하지 말자.
그것은 햇빛과 공기가 내 것이라고 하는 것만큼
바보 같은 짓이다.

소유욕이 강할수록
하늘나라 소망을 두려워한다.
마음은 점점 가난해질 수밖에 없다.

지혜의 소유욕을 버리자.
사람에 대한 소유욕도 버리자.
나의 힘과 재능으로 세상을 변화시키고픈 욕심도 버리자.
사랑받고 싶은 욕심마저도 용기 있게 놓아 주자.

가끔은 지주의 마음이 되어
무엇이라도 내 것이라고 할 수 있는 것을 붙잡고 싶었다.
그때마다 나의 연약함만 드러날 뿐,
내 삶에 실패의 연속이 아픔으로 다가올 뿐.

이제 먼 곳까지 여행할 준비를 해야겠다.
최대한 짐을 가볍게 꾸리고
설레는 마음으로 한걸음 내딛어 본다.
발걸음이 가볍고 마음이 기쁘다.

그런데 아직 집에 갈 길은 여전히 멀다.

믿음, 소망, 그리고 사랑

당신은 가난하지 않습니다.
당신의 영혼을 향한 하나님의 계획은
결코 가난하지 않습니다.
당신이 지금 가난한 것은
당신의 믿음이 가난하기 때문입니다.

당신은 아픈 사람이 아닙니다.
당신에게 직접 사랑을 표현하고 싶어 기회만 엿보는
하나님의 조바심이
언젠가 당신에게 보여질 것입니다.
당신이 지금 아픈 것은
당신의 욕심이 아프기 때문입니다.

당신의 사랑은 작지 않습니다.
하나님은 당신에게 이미 감당할 수 없는 사랑을 주었고
나누어 줄 수 있는 여유와 지혜도 주었습니다.
지금 당신의 사랑이 작은 것은
사랑을 표현할 용기가 작기 때문입니다.

당신의 믿음이 부자인 것을 말하십시오.
당신의 영혼이 건강한 것을 자랑하십시오.
당신의 사랑이 부지런한 것을 숨기지 마십시오.

오늘 하루,
하나님이 주신 은혜를
당신 스스로 포기하지 않길 원합니다.

하나님의 사랑이
당신의 몸과 마음에서
끊임없이 노래되어지길 원합니다.

지금 보이는 저 먹음직스러운 포도송이가
언제나 그렇게 보이진 않을 겁니다.

사람들은 모두 착하냐고 묻는 어린아이는
대답할 여유를 주지 않고
어느새 손익계산이 빠른 어른이 될 것입니다.

평생 자신의 삶을 자식에게 빼앗긴 부모에게
경제적 보탬이 되고자 그 기회만 엿보고 있었는데
어느새 나이 든 부모는
돈 쓸 줄도 모르는 노인이 되었습니다.

아무리 노력을 해도
잃어버린 기회가 얼마큼 큰 것이었는지는
번번이 지나가 버린 다음에 깨닫게 됩니다.

그리고 지금도 당신은
기회의 선물을 계속 받고 있습니다.

지금 당신 가까이 있는 그 사람은
언제나 당신 가까이 있지 않습니다.

이십대의 기회와 삼십대의 기회는 다릅니다.
당신이 지금 가지고 있는 기회는
그 무엇으로도 계산할 수 없는 큰 것입니다.

당신의 시간을 사랑하고 있나요.
오늘 단 한 번뿐인 당신의 사람을 사랑한다고 표현할 수
있나요.
그리고 당신,
누구보다 가치 있는 자신을 사랑하고 있나요.

사랑할 수 있을 때 사랑하세요.
사랑은 기회입니다.
사랑할 수 있을 때 사랑하세요.
한번 얻은 사랑은 다시는 잃어버리지 않을 겁니다.

사랑합니다

나는 당신을 사랑할 수 없습니다.
나는 당신의 이기심을 받아들일 수 없습니다.
나는 당신의 부족함을 채울 만한 여유가 없습니다.
나에게 당신의 잘못을 함께 질 만한 책임이 없습니다.
나는 당신의 더딘 걸음을 외면할 수 있습니다.
나의 삶도 너무 힘겨워
지쳐 있는 당신의 모습은 나에게 너무 부담이 됩니다.

그런데 하필이면 그때
예수님이 당신을 불러 달라고 나에게 부탁합니다.
당신을 외면하거나 포기하지 않겠다고 나에게 말씀하십니다.
주님이 나를 통해서 당신을 사랑한다고 전해 달랍니다.
하필이면
나를 통해서 당신의 부족함을 이해하고
나를 통해서 당신의 잘못을 용서하겠다고 하십니다.
주님이 나를 통해서 사랑을 표현하겠다고 하십니다.

나는 당신을 도울 힘이 없는데

당신을 사랑하는 주님이, 나에게 당신을 도울 힘을 주십니다.

그러던 어느 날
나의 무거운 삶의 무게가 가벼워진 것을 알았습니다.
나도 모르는 사이
지쳐 있는 당신이 나의 짐까지 덜어 간 것입니다.

사랑합니다.
죽기까지 사랑합니다.
주님이 당신을 사랑하기 때문입니다.

산이랑 친구하기

가까이 있을수록 소홀히 여길 때가 많습니다.
내가 어떻게 대하든 그 사람은 언제나
그 자리에 있을 것만 같아서 그런가 봅니다.
그러다 어느 날 갑자기 가장 가까이 있는 사람이
가장 먼 사람이 될지도 모르겠습니다.

그런데 오늘 만난 친구는
오랫동안 소홀히 여겼는데
언제나 그 마음 그 자리에 있습니다.
거의 20년 만의 만남인가 봅니다.
꼭대기에 올라도 힘이 들지 않는 것을 보니
제 건강이 많이 좋아졌나 봅니다.
기분이 마냥 좋습니다.

친구는 모든 사람을 다 받아 주나 봅니다.
꼬장꼬장해서 친구 하나 없을 것 같은 할머니도,
제법 찬 날씨에도 건강해 보이고 싶은지 메리야스만 입
고 운동하는 할아버지도,
두 번을 오고가지 못하는 아이들의 답답한 배드민턴 놀

이도,

　몸을 미라처럼 감아서 자외선 과잉보호하는 총총걸음
아주머니도,

　산 전체가 자기 앞마당인 양 흥분을 감추지 못하는 강아
지도,

　노트 하나 들고 20년 만에 나타난 저의 건방진 태도도

　산은 다 받아 줄 만한 품이 있나 봅니다.

　눈에 보이지 않지만

　병을 이기고 싶어 친구를 찾아온 사람도 있는 것 같습니
다.

　이별의 슬픔을 받아 줄 사람을 찾지 못해 친구를 찾아온
사람도 있는 것 같습니다.

　수많은 사람들과 마주쳤지만 공감해 주는 사람을 찾지
못해 친구를 찾아온 사람도 있는 것 같습니다.

　자유와 휴식, 슬픔과 고독이 뒤엉켜

　모든 것이 산의 일부가 되어 있었습니다.

　산은 그 모든 것을 품을 만큼 넓은 마음이 있습니다.

　산은 찾아온 모든 사람에게

건강을 격려하고 삶을 위로하고
내려가는 사람에게 용기의 박수를 보냅니다.

산에 있는 나무 한 그루 한 그루는
자신에게 필요한 땅 외에 욕심을 부리지 않습니다.
평화의 향기가 성령의 바람을 타고
오고가는 사람들의 마음을 맑게 깨웁니다.

이 성령의 바람을 받아 안고
평화가 사라진 산 밑으로 내려가야겠습니다.

생명은 신비입니다

고통에는 비밀이 있습니다.

내가 가지고 있는 물건이 소중하고 귀할수록
잘 열리지 않는 상자에 보관해 두듯
당신의 삶에 잘 풀리지 않는 고통이 있는 것도
당신 안에 생명의 열쇠가
하나님 보시기에 소중하기 때문이죠.

아픔에는 비밀이 있습니다.

내 삶을 더 이상 지탱할 수 없는 아픔이 있다면
이제 하나님이 당신을 위해 일할 차례인가 봅니다.
생명의 가능성이 완전히 사라진 곳은 어디에도 없죠.

생명은 신비입니다.

당신이 가진 생명의 열쇠로
다른 사람의 고통의 짐을 풀 수 있습니다.
고통의 의미를 아는 당신만이

고통받는 자의 마음을 안을 수 있습니다.

당신이 가진 고통의 가치는
그래서 귀합니다.
조만간 하나님께서
오랜 비밀과 침묵을 깨고
당신을 고통받는 자들 가운데로 부르실 것입니다.

시소

내가 마주하고 있는 저 사람을 높이려면, 나는 힘을 주어 낮아져야 합니다. 그러면 그 사람은 다시 자신을 낮추어 나를 높여 줍니다. 서로 낮아지기 위한 노력 속에 결국 서로 번갈아 높아질 수 있는 즐거움이 있습니다.

시소를 타려고 우리는 시소대 위에 앉아 보았습니다. 그런데 기대와는 달리 균형도 잘 맞지 않고 몇 번 삐그덕 첫소리를 내다 그칩니다. 재미없어 그만두려다 지금 나와 마주앉은 저 사람의 위치를 점검해 보았습니다.

우리는 참 많이 다릅니다. 먼저 몸무게가 다르고, 다리 길이도 다릅니다. 머리 크기도 다르고, 우리가 쓸 수 있는 힘의 크기도 다릅니다. 그런데 저런! 처음에는 눈에 보이는 것만 다른 줄 알았더니, 눈에 보이지 않는 것은 더욱 다른 것입니다. 그래서 그냥 포기하고 싶었습니다.

그런데 그때 누군가 나에게 조용한 말로 귀띔해 주었습니다. "네가 조금만 뒤로 움직이면 될 것 같아" 하고…….

나는 내가 있어야 할 자리를 정확히 볼 줄 모릅니다. 그런데 누군가 좋은 위치에 서서 나와 상대방이 있어야 할 자리를 정확히 알려 주는 것입니다.

지금 관계가 재미없고 삶이 지루할 때, 내가 혹은 우리가 앉아 있어야 할 자리를 정확히 알면, 그리고 나와 다른 사람에게 관심을 갖고 그 사람에 대해 정확히 알면 균형을 이루어 시소를 탈 수 있을 것 같습니다. 사랑과 섬김도 이와 같이 서로에 대한 관심이 필요하지 않을까요.

함께 산다는 것!
시소를 타는 것처럼 재미있는 놀이이면 좋겠습니다.

희망 2

행복을 결정하는 건 환경과 배경이 아니다.
행복을 선택하는 건 앞서간 사람들의 체험이 아니다.
행복은 결정하고 선택하는 건
모든 이기심에서 벗어난 자유로운 나다.

어떤 희망도 절망을 다 덮지 못하고
어떤 절망도 희망을 완전히 꺾지 못한다.
삶의 노련함이란 그런 것.
하는 일이 다 잘되는 기쁨 중에도
절망의 순간을 잊지 않는 겸손함이고,
빛 하나 보이지 않는 절망 중에도
상상의 빛으로 농담을 건넬 수 있는 여유로움이다.

나는 오늘 아침에도 잠에서 깨어
자유와 희망을 노래한다.
세상은 살 만하다고
살 이유가 없을 때가 와도
세상은 살 만하다고.

기쁨의 날

우리가 주의 성령을 받으면
가난한 사람들에게 기쁜 소식이 됩니다.

우리가 주의 성령을 받으면
포로 된 자들이 해방을 기대합니다.

우리가 주의 성령을 받으면
눈먼 사람들이 기적을 소망합니다.

우리가 주의 성령을 받으면
억눌린 자들이 자유에 환호합니다.

오늘 우리는
주의 은혜의 해를 선포합니다.

가난한 이웃을 위해
눈멀고 억눌린 이웃을 위해
주께서 우리에게 성령을 주셨습니다.

주의 성령을 받은 오늘이
희년입니다.

"사랑해서 행복합니다"

* '프레드릭'은 네덜란드 작가 레오 리오니가 쓴 그림책 『프레드릭』의 주
인공 이름이다. 생쥐 프레드릭은 추운 겨울을 대비하여 다른 생쥐들처럼
양식을 모으는 대신 햇살, 색깔, 이야깃거리를 모은다. 겨울이 되어 친구
들이 먹을거리가 떨어지며 어려움에 처하게 되자, 프레드릭은 자신이 모
아 놓은 이야기를 풀어놓으며 겨울을 버틸 수 있도록 힘을 주는 시인이
된다.

프레드릭*을 닮은 당신에게,

처음 만난 곳

우리가 처음 알게 된 곳은 희년함께 모임이었어요. 2012년 3월, 어느 한 작은 교회에서 '희년 아카데미'를 했었죠. 매주 화요일 저녁이 되면 직장이 있던 일산에서 서울 양재까지 그 먼 길을 한 번도 빠지지 않고 강의를 들으러 다녔던 기억이 나네요. 처음엔 당신이 그곳에 있는지 몰랐지만, 매주 갈 때마다 당신의 존재를 조금씩 알게 되었죠. 그리고 점점 당신이 나를 바라보고 있다는 것을 느꼈어요.

우리의 첫 데이트

그날은 2012년 5월 5일 토요일, 어린이날이었어요. 데이트라고 하기엔 애매한 만남이어서 꾸미지 않고 검은색 바지에 회색 티셔츠의 수수한 옷차림으로 나갔어요. 독립문역 출구로 나오니 당신은 먼저 도착해 의자에 앉아 있었죠. 서로를 마주 보고 수줍게 웃으며 우리는 함께 걸었어요.

우리의 첫 만남은 조금 특별했어요. 인혁당 사건을 추모하는 전시회에 갔다가 노무현 전 대통령 추모 전시회에도 갔었죠. 햇살 아래 긴 행렬 속에서 줄을 서서 기다리고 있을 때, 당신이 몸을 움직이며 내 얼굴에 비추는 햇볕을 막아 주고 있는 걸 느꼈어요. 아마 그때부터였던 것 같아요. 당신을 좋아하기 시작했던 순간이.

기쁨과 사랑의 편지

2014년 1월 11일 1시, 우리가 결혼한 날이에요. 추운 겨울이었지만 일평생 일편단심으로 일심동체가 되어 우리의 가정과 하나님 나라를 이루며 살기로 약속했어요. 그리고 우리 곁에 희서(기쁨의 편지)와 예서(사랑의 편지)가 소중하게 찾아왔고 아이들이 눈부시게 자라나는 순간을 함께했어요.

병상에서

어느새 갑자기 건강이 안 좋아진 당신. 더 이상 희망이 보이지 않는 상황에서 우리는 울보가 되어 있었죠. 그때 중환자실에서는 바깥의 햇살과 공기를 느낄 수 없었지만 당신의 따뜻한 손이 햇살처럼 느껴졌어요. 그윽한 눈빛으로 내 머리를 만져 주고 내 손을 잡은 채 눈을 감고 있는 당신을 바라보며, 나도 잠시 침대에 기대어 당신의 따뜻한 손을 느꼈어요. 말을 할 수 없었지만 알 수 있었죠, 우리가 얼마나 사랑하는지.

힘든 당신이 나를 위로했던 그 작은 몸짓을 나는 기억하고 있어요. 그리고 지금도 언제나 변함없이 나무 그늘처럼 나를 안아 주고 있다는 것도요. "고마워. 사랑해. 기다려 줘." 당신이 어렵게 꺼낸 그 말이 있기에 나는 더 이상 강한 햇빛이 두렵지 않았어요.

당신의 마지막 말

프레드릭을 닮은 당신은 누구에게나 사랑받는 시인처럼 따뜻한 말로 나를 녹이던 사람이었어요. 손으로 핸드폰을 쥐는 것조차 힘들었던 당신이 힘겹게 꾹꾹 눌러 쓴 마지막 메시지를 기억해요. "당신을 만난 건…… 꿈같은 선물이었어." 당신의 메시지에 나도 간절한 마음으로 답장을 했어요. "당신도 나에게 꿈같은 선물이었어요."

우리가 서로에게 꿈같은 선물이었듯이, 당신의 생각과 마음을 엮은 이 책이 누군가에게 꿈같은 선물이 되어 주기를 기도합니다.

아내 이소영